消费者在线冲动性购买行为研究

张运来 著

中国财经出版传媒集团
经济科学出版社
Economic Science Press

图书在版编目（CIP）数据

消费者在线冲动性购买行为研究/张运来著. —北京：经济科学出版社，2017.7
ISBN 978-7-5141-8294-1

Ⅰ.①消… Ⅱ.①张… Ⅲ.①消费者-行为分析 Ⅳ.①F713.55

中国版本图书馆 CIP 数据核字（2017）第 176816 号

责任编辑：于海汛　王新宇
责任校对：郑淑艳
版式设计：齐　杰
责任印制：潘泽新

消费者在线冲动性购买行为研究
张运来　著
经济科学出版社出版、发行　新华书店经销
社址：北京市海淀区阜成路甲 28 号　邮编：100142
总编部电话：010-88191217　发行部电话：010-88191522
网址：www.esp.com.cn
电子邮件：esp@esp.com.cn
天猫网店：经济科学出版社旗舰店
网址：http://jjkxcbs.tmall.com
北京汉德鼎印刷有限公司印刷
三河市华玉装订厂装订
710×1000　16 开　11 印张　190000 字
2017 年 8 月第 1 版　2017 年 8 月第 1 次印刷
ISBN 978-7-5141-8294-1　定价：33.00 元
（图书出现印装问题，本社负责调换。电话：010-88191510）
（版权所有　侵权必究　举报电话：010-88191586
电子邮箱：dbts@esp.com.cn）

本书是教育部人文社科基金青年项目《基于顾客体验视角的在线冲动性购买行为》（12YJC630303）和北京工商大学科技创新平台项目《互联网时代零售企业战略转型与创新研究》（19008001214）的研究成果之一

目 录

第1章 消费者网络/在线购买行为 ·········· 1

一、我国消费者网络/在线购买现状 ·········· 1
 （一）网络/在线购物快速发展 ·········· 1
 （二）在线零售市场格局趋向稳定 ·········· 2
 （三）在线商品分布不均 ·········· 3
 （四）海外在线消费金额可观 ·········· 4

二、消费者网络/在线购买行为基础 ·········· 6
 （一）网络/在线消费者及购买行为的概念 ·········· 6
 （二）消费者网络/在线购买行为的类型 ·········· 7
 （三）网络/在线消费者特征 ·········· 8
 （四）消费者在线购买行为特征 ·········· 11

三、消费者网络/在线购买行为研究中应用的理论 ·········· 13
 （一）计划行为理论（TPB） ·········· 13
 （二）交易成本理论（TCE） ·········· 14
 （三）理性行为理论（TRA） ·········· 15
 （四）技术接受模型（TAM） ·········· 15

四、消费者网络/在线购买行为的影响因素 ·········· 17
 （一）个人因素 ·········· 17

（二）外部环境因素 ·················· 28
　　　（三）网站因素 ······················ 31
　　　（四）商品特征 ······················ 40
　五、消费者网络/在线购买行为的后续影响 ·········· 44
　　　（一）满意度 ························ 44
　　　（二）忠诚度 ························ 44
　　　（三）重购意愿/行为 ·················· 45
　六、消费者在线与实体店购买过程比较 ············ 45
　　　（一）需要唤起 ······················ 46
　　　（二）搜索信息 ······················ 47
　　　（三）比较选择 ······················ 48
　　　（四）购买决策 ······················ 49
　　　（五）下订单 ························ 50
　　　（六）授权支付 ······················ 50
　　　（七）接收产品与售后服务 ············ 51
　　　（八）购后评价与反馈 ················ 52

第2章　消费者在线冲动性购买行为 ············ 53

　一、在线冲动性购买现状 ······················ 53
　　　（一）传统实体店情境下的冲动性购买现状 ···· 53
　　　（二）在线冲动性购买现状 ············ 54
　二、在线冲动性购买行为研究现状 ·············· 55
　　　（一）基于认知理论的研究 ············ 56
　　　（二）基于信息学的研究 ·············· 57

  （三）基于刺激—机体—反应模型（情感视角）的
    研究 ………………………………………………… 58
  （四）多视角整合研究 …………………………………… 59
  （五）小结 ………………………………………………… 60
三、消费者冲动性购买行为的定义、类型 …………………… 61
  （一）冲动性购买行为的定义 …………………………… 61
  （二）冲动性购买行为的分类 …………………………… 64
四、消费者在线冲动性购买行为的影响因素 ………………… 68
  （一）消费者个体特征 …………………………………… 68
  （二）产品因素 …………………………………………… 72
  （三）情境因素 …………………………………………… 74
五、实体店背景下及在线冲动性购买的形成机理模型 ……… 84
  （一）实体店背景下冲动性购买的形成机理模型 ……… 84
  （二）在线冲动性购买的形成机理模型 ………………… 90
六、在线冲动性购买行为与实体店冲动性购买行为的影响
  因素比较 ……………………………………………………… 95

第3章 网站特征影响消费者在线冲动性购买旅游产品的实证研究
  ——基于体验视角 ………………………………………… 98

一、研究背景与意义 …………………………………………… 98
  （一）旅游电子商务的迅猛发展 ………………………… 98
  （二）研究意义 ………………………………………… 100
二、研究方法与技术路线 …………………………………… 101
  （一）研究方法 ………………………………………… 101
  （二）技术路线 ………………………………………… 101

三、体验文献综述 ································· 101
 （一）在线购买体验 ····························· 102
 （二）情绪 ··································· 104
 （三）信任 ··································· 105

四、网站特征影响在线冲动性购买旅游产品的模型 ········· 106
 （一）网站特征影响在线冲动性购买旅游产品的
   研究模型 ································ 106
 （二）网站特征影响在线冲动性购买旅游产品的
   研究假设 ································ 108
 （三）问卷设计与发放回收 ······················ 112

五、数据统计分析 ··································· 116
 （一）数据统计方法 ···························· 116
 （二）样本描述性分析 ·························· 117
 （三）整体结构方程模型分析 ···················· 130

六、研究结论与管理建议 ····························· 139
 （一）研究结论 ································ 139
 （二）对策建议 ································ 141
 （三）研究创新、不足与展望 ···················· 142

附录　调查问卷 ···································· 144

参考文献 ··· 148

后记 ··· 166

第1章

消费者网络/在线购买行为

一、我国消费者网络/在线购买现状

(一) 网络/在线购物快速发展

随着互联网的快速发展与普及，网络购物作为一种互联网应用被快速带动成为人们的一种新型的生活方式。近几年，网络购物市场高速发展，市场整体的用户规模在高位上持续保持千万级别的增长，网络购物市场持续保持较高的活跃度。据 CNNIC 发布的中国网络购物市场研究报告统计显示，截至 2015 年 12 月，我国网络购物用户规模达 4.13 亿人，较 2014 年底增加 5 183 万人，增长率为 14.3%；网民使用网络购物的比例提升至 60.03%，从 2007 年的 4 641 万人增加到 2015 年的 4.13 亿人，我国网络购物用户在短短几年时间内实现了快速增长，如图 1-1 所示。2015 年，中国网络购物市场的交易活跃度进一步提升，全年交易总次数达 256 亿次，年度人均交易次数为 62 次。网络购物真正成为了我国大多数人群普遍接受与喜爱的购物新渠道。

全国网络购物交易规模达到 3.88 万亿元，较上年增长 36.2%，相当于社会消费品零售总额的比重继续增长至 12.9%，如图 1-2 所示。从网络购物市场结构来看，B2C 占比达 51.9%，年度占比首次超过 C2C。在网络购物消费占比方面，网络购物金额占日常消费采购支出比例的平均值为 14.2%。与 2014 年相比，2015 年网络购物金额占日常消费采购支出比例在 11% 及以上区间的用户群体比例普遍增加。其中，31%~50% 区间用户的比例提升最多，为 5.5%，达 15.2%。与此同时，消费者对网络购物支付方式的选择更为多元化，网络购物通过联动效应带动网上支付快速增长。网购用户选择的支付方式

中，第三方支付账户支付、网上银行支付、快捷支付和卡通支付、手机支付的用户比例分别为82.9%、65.3%、53.8%和52.6%，均超过货到付款用户的比例（49.7%）。

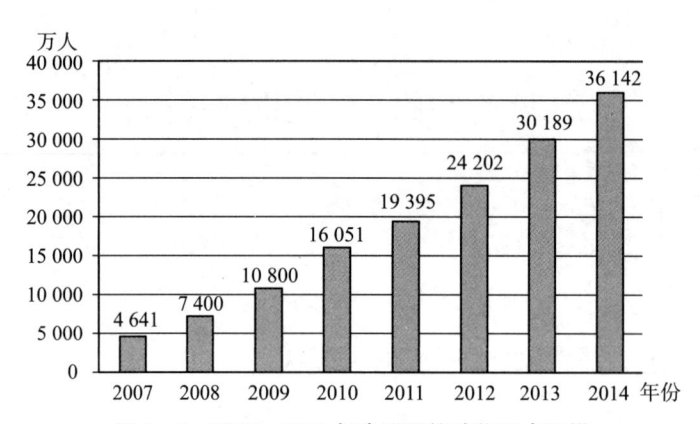

图1-1 2007~2014年我国网络购物用户规模

资料来源：第36次中国互联网络发展状况统计报告，2015。

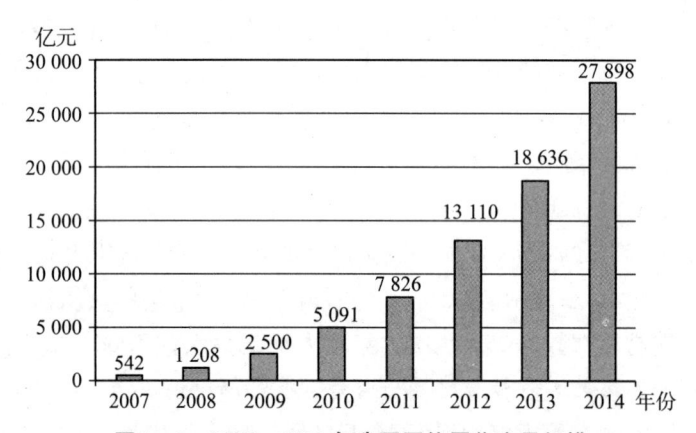

图1-2 2007~2014年我国网络零售交易规模

资料来源：第36次中国互联网络发展状况统计报告，2015。

（二）在线零售市场格局趋向稳定

2015年，中国网络零售市场的集中度进一步提高。阿里和京东占据了中国网络零售90%以上的市场份额。随着淘宝交易额增速进一步放缓和消费升级带来的需求变化，给B2C带来了新的发展空间。消费升级有力推动了B2C平台的发展，2015年市场份额前五位的B2C平台市场份额之和扩大到93.7%，相比 2014 年增长了 5 个百分点，B2C 平台的市场集中度进一步提高。其中，天猫占据了 65.2% 的市场份额，京东紧随其后，占 23.2%，苏宁易购占 5.3%，如图 1-3 所示。

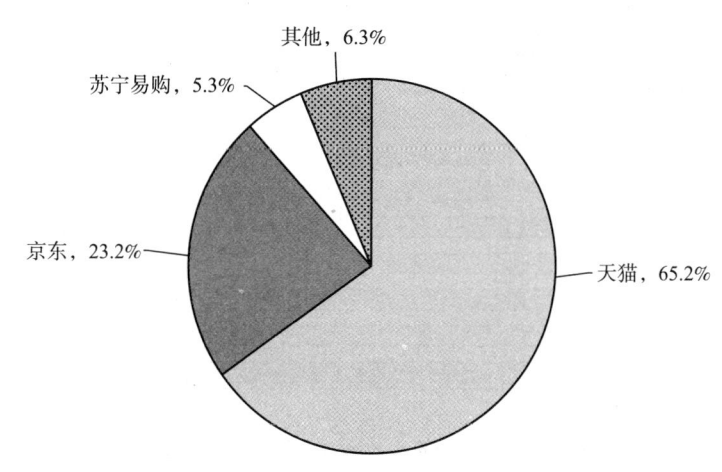

图 1-3　2015 年全国网络零售市场 B2C 交易额渠道分布

资料来源：商务部统计数据。

（三）在线商品分布不均

2014 年在网络购物用户购买商品的品类分布中，服装鞋帽类仍然是最为活跃的品类，其在线消费者占整体网民的比例为 75.3%，与 2013 年基本持平。服装鞋帽类相较于其他商品品类有毛利高、重复购买率高的特点，一直是网络零售的主要利润来源，市场份额因此居高不下。家用电器、食品/保健品、机票/酒店在线预订、电影/演出票在线消费者占整体网民的比例较 2013 年有所提升，其余品类均呈下降趋势，如图 1-4 所示。家用电器在线消费用户的增长得益于网络零售平台不断加强自身供应链管理能力、丰富产品种类、提升技术能力、优化用户体验等持续改进措施。网络零售打破了时空地域的限制，活跃了网购品类的市场流通，这一点在食品/保健品方面表现得尤为突出。机票/酒店在线预订由于其便捷的用户体验，以及企业的大力推广赢得了用户青睐。电影/演出票由于其在移动端即时购买、现场自助取票的便捷性和电影市场消费需求的释放成为当前在线预订的热门品类。

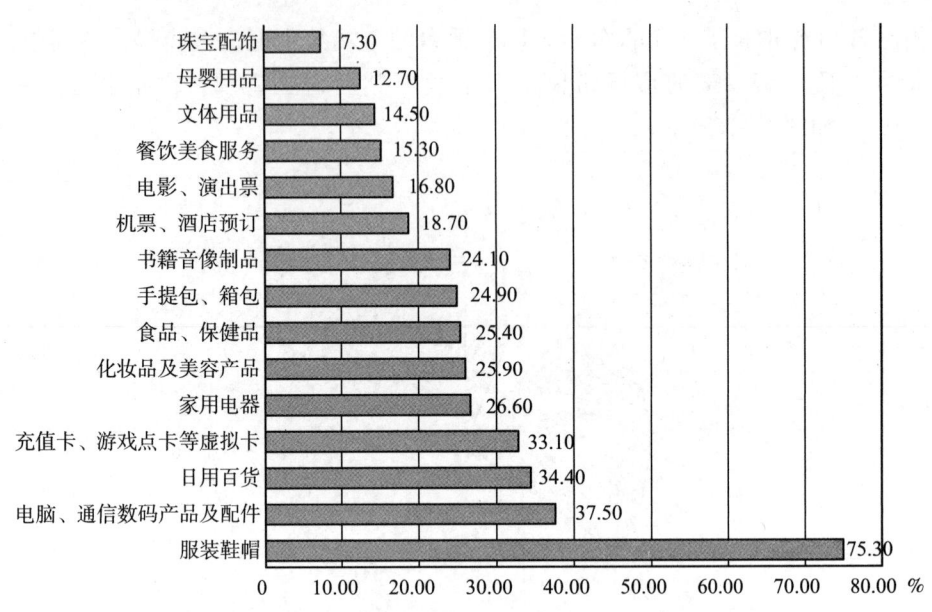

品类	百分比
珠宝配饰	7.30
母婴用品	12.70
文体用品	14.50
餐饮美食服务	15.30
电影、演出票	16.80
机票、酒店预订	18.70
书籍音像制品	24.10
手提包、箱包	24.90
食品、保健品	25.40
化妆品及美容产品	25.90
家用电器	26.60
充值卡、游戏点卡等虚拟卡	33.10
日用百货	34.40
电脑、通信数码产品及配件	37.50
服装鞋帽	75.30

图 1-4　2014 年我国网络购物用户购买商品的品类分布

资料来源：2014 中国网络购物市场研究报告。

（四）海外在线消费金额可观

在国内网购平台如火如荼发展的同时，部分顾客将眼光看向国外市场，开始海外网购。根据 CNNIC 的数据，2015 年海外网购用户规模为 4 091 万，较 2014 年增加 2 356 万人，年增长率为 135.8%；海外网购在网购用户中的使用率由 4.8% 提升到 9.9%。海外网购人群在网购用户中仅占很小的一部分，虽然数量并不多，但消费金额数目却很可观。2015 年网购用户中海外网购人群人均消费金额为 5 630 元，较 2014 年增加 682 元，年度增幅为 13.8%；人均消费次数为 8.6 次，较 2014 年提升 0.6 次。随着国内各大电商平台上线跨境电商频道，这一群体比例会明显增加。2015 年，化妆品及美容产品成为网购用户海外网购的第一大商品品类，所占比例为 53.4%。奶粉/婴幼儿用品、服饰（包括衣服、包）和保健品仍为海外网购的热门品类，所占比例分别为 47.6%、37.8% 和 34.8%。

用户海外网购的原因主要是商品质量有保证，其次是国内假货太多，且海外网购的价格更便宜，且一些商品只在海外销售。由此可见，海外网购不仅仅丰富了商品的渠道来源，更彰显了国内用户对专柜渠道之外高端消费品诚信品质信心的缺失。网购用户海外网购的方式主要有，"登陆海外购物网站购买,直接快递或通过转运公司递送"、"通过国内电商平台网站海外购物"、"通过微信朋友圈海外购物"、"通过返利网站或 PayPal 在海外网站购买"或"通过国内海外购物论坛购买"。海外网购用户的商品主要来源于美国，所占比例为58.2%；其次是韩国和日本，所占比例分别为34.3%和30.6%。再次是澳大利亚，占比17.9%。其他国家占比均不到15%，如图1-5所示。

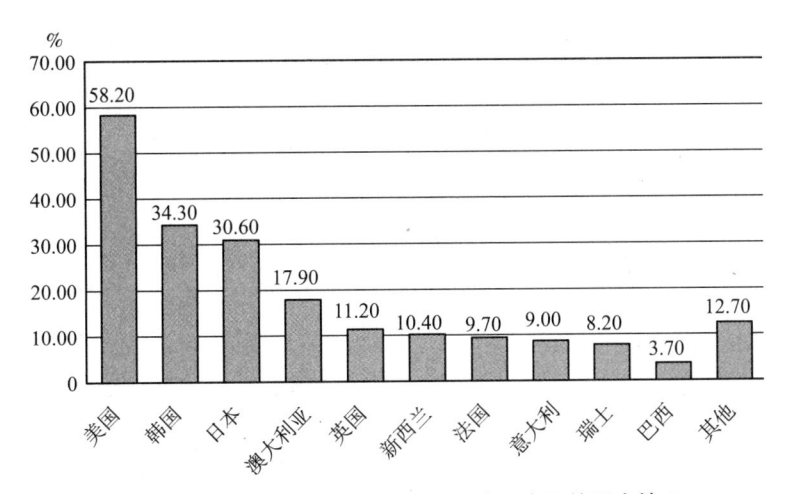

图1-5 2014年我国海外网购主要购买商品的国家情况

资料来源：中国网络购物市场研究报告。

综合以上数据可以发现，我国网络购物不仅在用户规模上已经有相当庞大的基数，而且销售总额在整个社会消费品零售总额中也占有相当重要的比重。

分析表明，中国消费者网络购物总体呈现快速增长趋势，网络购买所占消费者购买总量的比例越来越高。网络零售业的异军突起及其强劲的发展趋势使我们无法忽视其对整个社会经济发展的贡献。在目前经济并不景气时期，网络购物的发展有力地拉动了消费这辆马车，促进了国民经济的持续发展，鼓舞了人们对经济发展的信心。

总体来看，中国网络购物市场在经过十几年的高速发展后，整体市场逐渐走向成熟。随着网络购物法律规范的建立实施，网络购物环境的持续完善，用户群体网络购物意识的逐步增强及消费习惯的日益稳固，网络购物市场将继续保持平稳快速的发展。

二、消费者网络/在线购买行为基础

（一）网络/在线消费者及购买行为的概念

回顾以往对网络消费者购买行为的研究，发现研究内容多集中于对网络消费者行为与传统购买行为之间的差异研究（叶文，2001），以及对网络购买行为的特点与网络消费者特征的研究（黎志成、刘枚莲，2002）。网络消费者特征研究，内容集中在基础属性（Stafford，2004）、个性特征（Sher & Lee，2009），以及经验行为特征（Soopramanien et al.，2007）三个方面（张运来和侯巧云，2014）。因此，本文对网络消费者及其购买行为进行概念界定的话，首先要从传统消费者的概念以及两者的对比来解析。

在传统的购买环境下，消费者是通过现实中实际存在的商店与商家进行面对面的沟通，获取想要购买的商品的有关信息，进行比较，从而最后做出购买决策，并当面结清账款获得商品。而在线环境下，消费者、商店、商家及产品都是在虚拟的环境中存在的，消费者无法与商家进行直接的视觉接触也无法对商品进行直接的触感接触，消费者想要获得关于商品的信息只需要自己在产品界面进行搜索和查询，做出购买决定后，需要在线上进行付款，再等待商品通过物流传输的渠道运送到自己的手中。可以说，传统购买和网络购买是两种截然不同、差异显著的购买方式。但是，通过对比我们也可以发现，两种购买方式也有着相同的特点：第一，在线消费者与传统消费者一样都是想要购买商品的人。根据《中华人民共和国消费者权益保护法》第二条的规定，消费者是指因为生活消费需要而购买、使用商品或者接受服务的个人和单位。网络消费者符合上述对消费者的法律定义，因此，在线消费者与传统消费者一样同属于消费者。第二，无论是传统购买方式还是在线购买方式，最终的结果都是消费者获得了自己想要的商品付出了金钱，而商家也卖出了自己的商品收获了金钱。不难发现，二者之间最大的差异就是在线消费者的购买行为是网络发展的产物，在线消费者必须借助于互联网这一渠道进行购买和消费活动，在此过程中，购买手段、交流方式、支付方法、获得渠道都发生了巨大的改变。

通过以上异同点的分析，在传统消费者购买行为的概念基础上，我们可以对在线消费者的购买行为进行界定：在线消费者购买行为是指人们为满足需要和欲望而借助于网上虚拟的购物环境进行信息浏览、搜索、评估并做出购买决策和实施购买行为的过程。

(二) 消费者网络/在线购买行为的类型

根据消费者的在线购买决策过程,以及当前在线消费行为的发展与研究成果,本书将消费者在线购买行为分为理性消费与非理性消费两种类型。

1. 理性消费

理性消费与非理性消费是两个相对应的概念,主要是从心理学角度将消费者的认知进行划分。理性消费者一般都会对自己的消费行为进行规划,且必须在消费能力允许的条件下,即追求效用最大化的原则进行消费,从而做出最合理的购买决策。

针对理性消费、消费决策与理性购买行为,许多学者已经有了成熟的结论,且建立了一些相关的模型来进行解释。苏(Su,2002)从消费者购买意图的因素方面进行分析,建立了经济学模型,可以识别出影响网络消费者购买行为的因素,认为理性的消费者都会对价格、搜索成本、评价成本、获得时间和消费者的风险态度等方面进行经济学的评估,符合理性消费者追求效用最大化的消费行为;泰奥、杨(Teo & Yeong,2003)运用结构方程模型对网上购物环境中的消费者的购物决策过程进行研究,他们在 E.K.B 模型的基础上聚焦于核心购买过程,对信息搜索、评估选择和购买三个阶段进行了研究,实证地检验了理性消费者会对感知利益、知觉风险和最后的总体消费过程进行评价,从而做出最有利的购买决策。

总体来说,理性消费要求消费者必须在做出购买决策之前有一个初步的计划,包括对自己要购买的产品、所需要的信息和合理的价格等各个阶段都进行一定的评估和界定(伍丽君,2001)。理性消费可以保证人们的消费预算总在自己所能承受的范围之内,这也是我们在日常购买活动中应该提倡的消费方式。

2. 非理性消费

非理性消费是消费者没有经过理性决策而产生的消费行为。一般情况下,消费者在进行购买之前并没有做出购买计划,而是临时受外界一定因素的影响而产生的临时的购买活动,具有不确定性、临时性、突发性。所以非理性消费的消费者一般都没有考虑到自己的收入水平,其结果就是都不能达到消费者的效用最大化,所以可以称之为一种不合理的消费决策。

针对非理性消费的研究，本书重点关注消费者的冲动性购买行为。拉罗斯（LaRose，2001）是最早研究网络冲动性购买的学者之一，他给出了网络非约束性购买（冲动购买和强迫性购买）的解释，即电子商务网站的拍卖歇业提示、产品评论、抽奖和公告等阻碍了自我约束的指标，促进了冲动购买行为，但没有对假设进行实证（王全胜、韩顺平，2009）；芤法瑞斯（Koufaris，2001）在探讨个体因素和网络商店环境因素对消费者态度和行为的影响时，发现任何与无计划购买相关的假设均无法得到支持；贝蒂和费雷尔（Beatty & Ferrel，1998）建立了一个包含情景变量（时间、金钱）和个体变量（购物乐趣和冲动购买倾向）的冲动购买行为模型，研究结果表明，情景变量和个体变量会对5大内生变量（积极作用、消极作用、浏览行为、顾客感受到购买冲动以及冲动购买行为的发生）造成影响；多拉基亚（Dholakia，2000）建立了消费冲动形成和发挥作用的系统理论框架模型，详细解释了认知评价和意志评价在消费冲动形成和生效中发挥的作用，对影响冲动型购买的各个影响因素和作用机理进行了梳理和完整描述。

将冲动购买等同于非计划性购买，其实也不尽然正确，因为这样做没有考虑到冲动购买的自发性和突然性特征，并且没有关注情感反应。在后续的篇章中我们还会重点介绍冲动性购买行为，这里就不做过多赘述。

（三）网络/在线消费者特征

在线消费者是一群特殊的消费群体，是一群不同于传统消费者的新消费群体，有着传统消费者所不具备的特征。对网络消费者的特征进行探索研究，有助于我们对在线消费者购买行为进行分析，为在线营销环境下的消费者购买行为提供研究基础和依据。对以往研究进行总结，我们将在线消费者的特征总结为以下几点：

1. 年轻人占据主流

互联网购物是20世纪80年代开始兴起的一项新型购物方式，在接受新事物与追赶潮流这一方面，年轻人比年长者接受程度更大、接收速度更快。根据最新数据及研究报告（如CNNIC互联网研究报告），年轻的消费群体仍占据网络消费者的主流（20~29岁占据所有网购用户的50%），这也使得网络购物的消费群体一直处于年轻化的状态，成为网络消费者的一大特征。

随着互联网的普及与在线购物的发展，网络购物方便这一特性开始吸引一些老年人在网上进行购物，网络消费人群中出现越来越多的高龄消费群体，如图 1-6 所示。

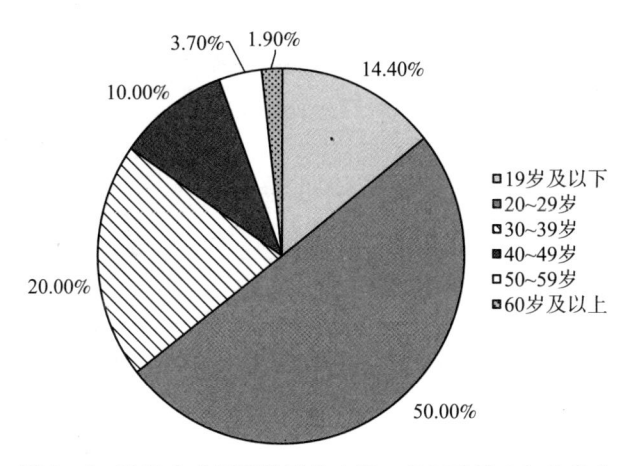

图 1-6　2015 年中国网络购物市场一般网购用户年龄分布

- 19 岁及以下：14.40%
- 20~29 岁：50.00%
- 30~39 岁：20.00%
- 40~49 岁：10.00%
- 50~59 岁：3.70%
- 60 岁及以上：1.90%

2. 男性在线消费者多于女性

电子商务的发展源于互联网的发展，在电子知识领域，男性比女性更感兴趣且学习得更加深入，这也使得在网络购物兴起之初，男性消费者的数量多于女性消费者。近几年，我国总体消费人群占比显示，男性消费者始终多于女性消费者。

不过，在社会角色的扮演中，女性因其承担照顾家人、打理家庭的责任，相比于男性更容易成为购买人群。网络购物的简单、易学、方便等特性使得女性消费者逐渐加入到网络购物的大军之中。当然，我们也不排除女性在将来会超过男性成为网络消费者的主要人群。目前，网络消费者中男性多于女性，如图 1-7 所示。

3. 在线消费者的主动性更强

网络环境下的消费者不太会在被动的方式下接受厂商提供的产品或服务，而是根据自己的需求主动上网去寻找适合的产品。在线消费者行为往往比较自主，独立性强，消费者主动性的增强来源于现代社会不确定性的增加和人类追求心理稳定和平衡的欲望。消费者会主动通过各种可能的途径获取与商品有关的信息并进行分析比较，从中获得心理上的平衡，减轻风险并减小购后产生后悔感的可能，增强对产品的信任和争取心理上的满足。

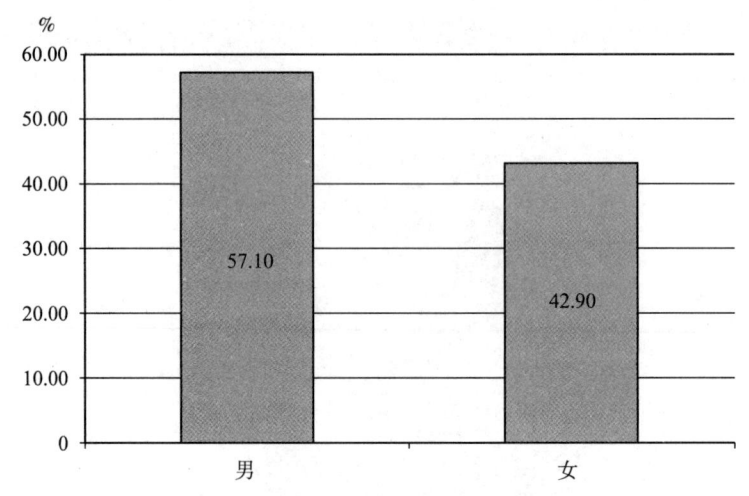

图 1-7 2015 年中国网络购物市场一般网购用户性别分布

消费者借助网络技术条件去浏览、查询甚至搜索某些商家、产品、市场的一些广告和消费信息，而这些信息也会去指导其购买行为或者作为网络购物行为的知识储备和经验积累。对于满意的产品，网络消费者会通过网络或者其他通信技术，在第一时间积极主动地与商家取得联系，并产生购买行为；如果找不到满意的产品，他们可能、可以通过网络系统向厂商主动表达自己对某种产品的欲望和要求，使在线消费者参与和影响到企业的生产和经营过程。

在网络购物中，消费者不只是被动地接受价格，处于弱势地位的个体消费者有机会联合起来，进行"集体议价"。该模式充分利用了互联网的特性，将零散的消费者及其需求聚合起来，形成类似集团采购的庞大订单，从而与供应商讨价还价，争取最优惠的价格（王凤娥，2005）。

4. 在线消费者追求购物乐趣

对于消费者而言，网上购物不仅仅是满足实际的购物需求，还可以通过网上购买的过程得到大量信息或娱乐情报，结识新的朋友，节省了体力，也节约了时间。灵活的支付方式和快捷的送货上门服务，让消费者体验到了传统购物方式无法具备的乐趣。

此外，网上购物是一种新的购物方式，也是互联网时代必不可少的一种生活方式。对于广大年轻的消费者朋友而言，追求舒适、时尚的生活方式，追捧新奇、时髦的消费产品永远是生活中的一大乐趣。因此，大多数网络购物消费者从心理上认同并且接受这种新型的消费方式，也有兴趣尝试这种新的购物方式。

在线购物消费者十分重视商品新的款式、格调和社会流行趋势，追求时尚和新颖的产品，体验新的购物方式给自己带来的新鲜感和刺激，并且由此炫耀自己的行为。

5. 在线消费者追求消费个性

现在，消费者对商品和服务的要求越来越多，从产品设计到产品包装，从产品使用到产品的售后服务，不同消费者有不同的要求。在线消费者的个性化购买正逐步成为主流，每一个消费者都是一个细分市场，每一个消费者的需求都呈现出极强的差异性，他们可根据自己的个性特点和需求在全世界范围内寻找满足品。

如今消费者在花钱消费时，不仅要满足物质上的需求还要满足精神上的享受，网络市场上个性化的产品与服务更能满足消费者这一心理诉求，也使得进行网络购买的消费人群逐渐形成追求个性的特征。

在网络经济环境下，网络零售企业需要根据消费者的信息需求，提供差异化信息推送服务；满足其个性化消费需求，为消费者提供个性化、低成本、多品种、小批量产品（或服务）。而网络购物的最大优势就是消费者拥有更大的选择自由。

6. 在线消费者的需求差异化

在网络消费中，各个层次的消费不是相互排斥的，而是具有紧密的联系，需求具有差异化的特质，又广泛存在交叉的现象。不仅仅是消费者的个性化消费使网络消费需求呈现出差异性，不同的网络消费者因所处的时代、环境不同而产生不同的需求，不同的网络消费者在同一需求层次上的需求也会有所不同。所以，从事网络营销的厂商要想取得成功，必须在整个生产过程中，从产品的构思、设计、制造，到产品的包装、运输、销售，认真思考这种差异性，并针对不同消费者的特点，采取有针对性的方法和措施。随着网络日新月异的发展，消费者特征会随着社会发展而发生变化。在今后对网络消费者的研究中，可能会往消费者个性需求和个性心理特征方面发展。

（四）消费者在线购买行为特征

在网络环境下，相对于传统的购买行为，网络消费者的购买行为表现出下列几个特征。

1. 选择范围的扩大

相对于传统的线下购物，网上购物的一个明显区别就是搜索的信息更加全面，范围更加广阔，种类更加丰富。消费者在进行网络购物时，不像传统购物那样受到地域和其他条件的束缚，可以在全国甚至全球范围内进行信息搜寻，消费者面临的是一个网络系统的商家，而不是简单的某条街道的几个商场。这样大范围地慎重比较和选择，可以更精确地做出最终最优的购买决策。

选择范围扩大的主要原因，一方面来自于网络这一购买渠道具有不受空间限制、选择更加便利的特点，另一方面是由于消费者消费观念的改变，他们越来越多地希望自己在购买时可以全面了解产品，以及购买行为带给个人或社会的效益。

2. 选择过程相对较为理性

理性消费指消费者在消费商品或劳务时，对市场的产品进行了充分的比较，最终以最小的消费投入获得最大效用的商品或劳务而进行的消费。

由于网络上的产品种类丰富，网络商家云集，经过最近十几年的不断发展，在网上销售的消费品，无论在数量上，还是种类上都已极为丰富。网络能够根据消费者的要求迅速搜集相关数据，及时提供比传统实体店下更好、更完整的信息，这不仅可以让消费者了解到企业提供的信息，而且还可以让消费者主动地去获取其想要了解的信息。因此，消费者在选择产品时有了巨大的选择余地和范围，更方便消费者在购买时货比多家，从而使消费决策更加合理。

对消费者来说，产品的价格一直是消费者考虑是否购买的一个关键性的决策因素。他们一般通过同样产品的不同价格进行横向和纵向比较，做出非常理智的购买决策。网络购物在一定程度上增强了消费者比较价格这一行为特质。

3. 注重技术

随着知识、信息和电子技术的快速进步，产品更加复杂，购买者更加老练，产品生命周期更短，消费者在网络上购买商品更注重时效性和技术性。互联网宽带技术的应用大大提高了上网速度，网民得到了不少实惠。进入网站的可行性、网页下载的速度、网上漫游的效率及产品特点等，对消费者的网上购买行为影响很大。人们期盼实时交付，并在任何时间、任何地点都能得到，大量的消费者希望能够在家里通过"电子小屋"购买产品和服务。但是，如果消费者无法进入网站，或者网页下载的速度特别缓慢，消费者光顾的频率也就越小，进而影响消费者的购买行为。

4. 在线消费的层次性

网络消费本身是一种高级的消费形式，但就其消费内容来说，仍然可以分为由低级到高级的不同层次。

在网络消费的开始阶段，消费者侧重于日用消费品的消费；到了网络消费的成熟阶段，消费者在完全掌握了网络消费的规律和操作，并且对网络购物有了一定的信任感后，消费者才会从侧重于日用消费品的购买转向精神消费品的购买。网上的个性化的定制服务能够以个人心理愿望为基础挑选和购买商品或服务，从而满足买家个性化、差异化的需求。网络购物就是人们享受科技时代新生活的一个突出表现，通过多种网络支付手段，实现足不出户就能买遍全球商品的新时代消费体验。

5. 移动化倾向

在互联网经济时代，生活节奏加快，人们的休闲时间呈现"碎片化"，消费行为发生了改变，希望随时随地方便快捷购物。手机等移动端购物并非 PC 端购物的替代，而是在移动互联网环境下产生的增量消费，促进了网络购物向移动化方向发展，为传统零售企业制定未来网络经营策略提供新的思路和渠道。

三、消费者网络/在线购买行为研究中应用的理论

网络消费者行为研究大多是基于某个理论进行研究，或者说大部分学者都将网络消费者行为嵌入在不同的理论框架之中，这些理论源于不同的学科，包括信息学、经济学和消费者行为学。笔者根据相关文献研究运用的理论，可以将理论基础归为：计划行为理论（TPB）、交易成本理论（TCE）、理性行为理论（TRA）、技术接受模型理论（TAM）这四种理论。

（一）计划行为理论（TPB）

计划行为理论是由阿杰恩（Ajzen，1991）于 1980 年将多属性态度理论（Theory of Multi-attribute Attitude，TMA）与理性行动理论相结合发展出来的，

包括态度、主观规范、知觉行为控制、行为意向和行为五个要素。计划行为理论认为实际行为最直接地影响个人的行为意向，加入了个体对行为的控制能力以更好地解释和预测实际行为，考虑到了人还有完全不能控制自己行为的情况。计划行为理论常被应用于解释个人行为模式，主张个人行为的完成主要受个人意志的控制。

TPB 理论认为，除了由态度和主观规范决定之外，行为意向还会受到知觉行为控制（Perceived Behavior Control，PBC）的影响。知觉行为控制是个人对其所从事的行为进行控制的感知程度，由控制信念和感知促进因素共同决定。控制信念是人们对其所具有的能力、资源和机会的感知，而感知促进因素是人们对这些资源的重要程度的估计。行为态度、主观规范和知觉行为控制是决定行为意向的三个主要变量。行为态度越积极、重要他人支持度越高、知觉行为控制越强，行为意向就越大，反之就越小，如图 1-8 所示。

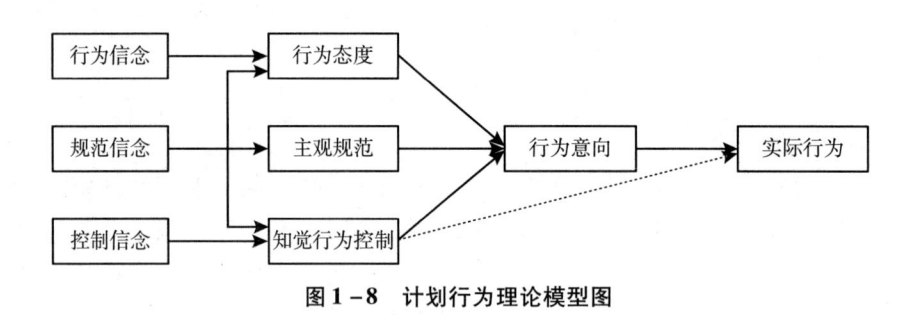

图 1-8 计划行为理论模型图

（二）交易成本理论（TCE）

交易成本理论是由罗纳德·哈里·科斯（Coase）于 1937 年在其重要论文"论企业的性质"中提出来的。所谓交易成本（Transaction Costs），就是在一定的社会关系中，人们自愿交往、彼此合作达成交易所支付的成本，它与一般的生产成本是对应概念。

梁和黄（Liang & Huang，1998）运用交易成本理论研究了消费者在线交易倾向，他们指出，消费者在其他影响因素同等的情况下，会偏好交易过程中发生成本最低的渠道。康磊（2006）根据交易成本理论建立了一个解释消费者对网上购物接受程度的模型，并得出：在电子渠道中对不同的商品，消费者的接受程度是不同的，而消费者的接受程度由消费者感知到的交易成本决定。

(三) 理性行为理论 (TRA)

理性行为理论 (TRA), 是由费舍宾和阿杰恩 (Fishbein & Ajzen) 于 1975 年首先提出的, 主要用于分析态度如何有意识地影响个体行为, 关注基于认知信息的态度形成过程。该假设的前提是: 人们的行为是理性的, 各种行为发生前要进行信息加工、分析和合理的思考, 一系列的理由决定了人们实施行为的动机, 在做出某一行为前会综合各种信息来考虑自身行为的意义和后果。

该理论认为, 行为 (Behavior) 是由行为意向 (Behavior Intention, BI) 引起的, 而行为意向又是由个人对行为的态度 (Attitude) 和主观规范 (Subject Norms, SN), 即个人在社会生活过程中形成的对世界事物的判断标准决定的。行为意向除了由态度和主观准则决定之外, 还会受到感知行为控制的影响, 如图 1-9 所示。但该理论中的信念因素是一个笼统的概念, 应用到具体的技术采纳研究中需要事先确定, 这使得理论的实际应用比较烦琐。

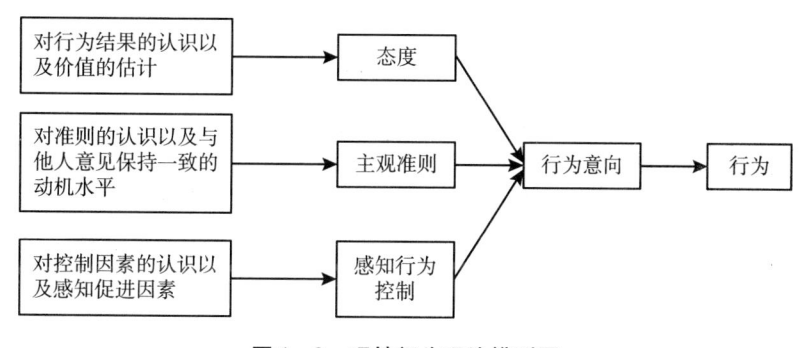

图 1-9 理性行为理论模型图

资料来源: Ajzen I, Fishbein M. Attitudes and normartive beliefs as factors influenceing behavioral intentions [J]. Journal of Personality and Social Psychology, 1972, 21 (1).

(四) 技术接受模型 (TAM)

技术接受模型 (Technology Acceptance Model, TAM), 是由戴维斯 (Davis) 于 1989 年运用 TRA 理论研究用户对信息系统的接受情况时提出的, 并被广泛用于网络消费行为的研究中, 最初的目的是对计算机广泛接受的决定性因素做一个解释说明。TAM 提出了两个主要的决定因素: 一是感知有用性 (Perceived Usefulness, PU), 反映一个人认为使用一个具体系统对其工作业绩提高的程度；二是感知易用性（Perceived Ease of Use，PEOU），反映一个人认为使用一个具体系统的容易程度。技术接受模型认为系统使用行为是由行为意图（Behavioral Intention，BI）或行为倾向决定的，而行为意图由使用态度（Attitude toward Using，AU）和感知有用性共同决定，使用态度由感知有用性和感知易用性共同决定，感知有用性由感知易用性和外部变量共同决定，感知易用性由外部变量决定，如图 1-10 所示。

基于 TAM 模型对影响网上消费者行为的因素进行的研究有很多。Aron & Fenech（2003）使用 TAM 技术接受模型对通过因特网进行购物的消费者行为进行分析，发现感知网上零售有用和感知易用与消费者对网上零售态度显著正相关。后期研究人员发现，基于原始技术接受模型研究网络行为的解释力度有限，于是纷纷在原始技术接受模型的基础上增加一些解释变量。巴甫洛夫（Pavloll，2003）增加了可靠和感知风险变量，发现感知有用、感知易用与消费者网上购买意愿正相关，感知风险则与网上购买意愿负相关。陈和谭（Chen & T'an，2004）基于技术接受模型和技术创新扩散模型，在感知有用和感知易用两个变量的基础上，增加了感知可靠、兼容性、感知服务质量三个态度变量，证实了技术接受模型在解释和预测 B2C 电子商务层面上的消费者行为仍然有效。蔡（Tsai，2004）在基于 TAM 的研究上增加了网页安全性、进入成本、消费者满意，发现这五个变量都会积极影响消费者的网上购物态度。由于网络环境的不确定性，为了能更好地理解与揭示消费者网上购买行为，井淼、周颖和彭娟（2005），张喆和卢昕旸（2009）在 TAM 模型框架下增加感知风险变量，通过实证检验得出：感知风险很大程度上会影响消费者网上购买行为。

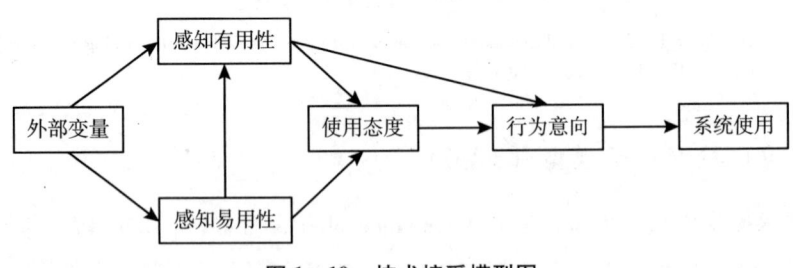

图 1-10 技术接受模型图

资料来源：Venkatesh V, Davis FD. A theoretical extension of the technology acceptance model: four longitudinal field studies [J]. Management Science, 2000, 45 (2): 186-204.

四、消费者网络/在线购买行为的影响因素

(一) 个人因素

与传统消费者购买行为一样，消费者网络购买行为受到诸多因素的影响，其中，网络消费者的行为或购买决策首先受其个人因素的影响。在互联网背景下，人口统计变量是影响网络消费者行为的重要因素（Korgaonkar et al.，1999）。以往研究发现，性别、婚姻状况、居住位置、所处年龄阶段、受教育程度和经济收入等变量是网络购买行为的重要预测因素（Fram & Grady，1997；Sultan & Henrichs，2000）。此外，个性特征、使用互联网的熟练程度、网络购物经验、消费者的情绪及态度等方面都会对消费者的网络购买行为产生一定的影响。本小节将分类并详细介绍影响消费者网络购买行为的个人因素，汇总详见表 1-1。

表 1-1　　　　　　　　　　个人因素综述汇总

个人因素	性别	男	Bassam (2010), Rodgers (2003) 认为男性对网络购物的态度积极、相信	Hansen & Jensen (2009) 认为男性网络购物次数少	Hansen & Jensen (2009) 认为男性消费总额多	Slyke (2002) 发现男性购买定向为电子产品	Seock & Bailey (2008) 发现男性更追求便利性	Teo (2001) 发现男性使用较多的功能是网上下载和购买
		女	Bassam (2010), Rodgers (2003) 认为女性对网络购物的态度不积极、不相信	Hansen & Jensen (2009) 认为女性网络购物次数多	Hansen & Jensen (2009) 认为女性消费总额少	Slyke (2002) 发现女性购买定向为食品、衣物	Seock & Bailey (2008) 发现女性更追求娱乐感	Teo (2001) 发现女性使用较多的功能是搜索信息
	年龄		正相关		负相关		不相关		
			Stafford (2004), Douglas (2002) 认为年龄与网络购买正相关		Joines et al. (2003) 认为年龄与网络购买负相关		Rohm & Swaminathan (2004) 认为年龄与网络购买不相关		

续表

		有影响		无影响	
个人因素	受教育程度	Swinyar & Smith（2003），以及 Hui & Wan（2007）认为高学历的人比低学历的人更容易接受网络购物		Zhou、Dai & Zhang（2007）认为网络购物是一件相对容易的事，不需要高学历	
		正相关		负相关	
	经济收入	Douglas（2002）认为消费者收入越高越容易进行网络购物，且购物次数越多		李季（2006）认为网上商品价格明显低于实体店，吸引低收入人群	
	个性特征	Swaminathan et al.（1999）认为和网络购物频率以及购物金额有关	Bosnjar、Galesic & Tutenc（2007）将个性特质分为大五人格	Sher & Lee（2009）认为和消费者怀疑度有关	LaRose & Eastin（2002）认为影响消费者的自我调节能力
		相关		不相关	
	使用互联网的熟练程度及网购经验	Douglas（2002）认为上网时长与网络行为存在相关性；Zhou、Dai & Zhang（2007）认为网络经验越丰富越倾向于网络购物；Bhatnagar（2004）认为个人网龄越长倾向于网络购物；Mauldin & Arunachalam（2006）认为使用网络舒适的消费者更倾向网络购物		Van、Kerkhof & Fennis（2007）认为有经验的消费者依然可能会将网购视为风险行为，从而为防止损失而减少网购行为；Susskind（2004）认为不习惯使用网络的消费者不倾向于网络购物渠道	
		情绪		态度	
	情绪与态度	情绪会影响消费者处理信息（Macleod, 1996）、分析价格（如伍丽君, 2005）、估量安全（Xia, 1999）等		态度会影响购买意愿（Fishbein et al., 1975）、心理特征（Wang, 2001）、认知情况（如黎志成和刘枚莲, 2006）等	
		娱乐导向		便利导向	
	购物导向	娱乐导向的消费者强调购物的社会交互功能；Sherry（1990）认为购物是一种非常重要的娱乐活动；Swaminathan et al.（1999）认为社会交互会阻碍消费者网络购物		便利导向的消费者更强调购物的便利性；Swaminathan et al.（1999）发现便利导向消费者更倾向于网络购物且购物金额较高	
	感知风险	对网络购物行为的影响	Corkle（1990）认为感知风险是影响消费者进行网购行为的关键因素		
			井淼、周颖和彭娟（2005），邵兵家、鄢智敏和鄢勇俊（2006），李宝玲和李琪（2007）检验了感知风险维度对消费者网上购买行为产生影响		
			Chaudhure（1998）研究结果表明感知风险影响信息搜索的深度，从而影响网络购买行为		

1. 消费者的性别

在传统实体商业中，男性、女性的购物行为存在着较大的不同，这种不同同样出现在电子商务领域中。男性和女性在数量（包括网购次数、消费总额）、网购态度、网络购物的接受程度，以及购买定向等方面均存在显著差异。

两性在线购物消费者的数量、购买次数及购买总量均不同。在绝对数量方面，根据 Pew Research Center（2001）的报告，女性在线购物者的数量（58%）要高于男性的16%；而我国总体消费人群占比显示，男性消费者的数量多于女性消费者。女性在线购物次数多于男性，但是男性在线购物的消费总额大于女性（Hansen & Jensen，2009）。我国女性在线消费者的购买次数多于男性，已经在分布上呈现出增长的势头。由此可见，两性网购消费者在不同国家、不同地域，以及不同发展时期都可能呈现出不一样的特性。

两性对待在线购物的态度不同。在两性对网络购物的态度上，男性比女性更为积极（Bassam，2010），且更相信电子商务（Rodgers，2003）。男性网络消费者在购物时理性成分居多，往往在深思熟虑之后才做出购买决策；而女性网络消费者购物时的感性成分则比较多，往往在浏览到自己喜欢的商品时就会下意识地将其放入购物车中。从认知态度上来说，女性相较于男性对网络购物所带来的好处持有更多的怀疑；从情感态度上来说，女性更喜欢传统方式下的与人相处、交流沟通，因此，不如男性依赖网上购物；从行为态度上来说，受前两种态度的影响，男性表现出更多的网络购物行为。

男性与女性在进行在线购物时的自主性不同。男性网络消费者的自主性较强，他们往往会自己去寻找关于商品价格、质量、性能等方面信息的资料，然后自己作出判断；而女性网络消费者的依赖性则较强，当她们做出购物决策时往往会比较在意其他人的意见或评价。所以，男性相较于女性更能独立进行网络购物，这从一定程度上也反映出，男性相比于女性而言更容易接受网络购物。

男女在线购物消费者在购买定向上也存在着显著的差别。在购买定向上，女性喜欢购买食品、饮料、衣物和配件首饰等；男性则更倾向于购买硬件、软件和电子产品（Slyke，2002）。女性比男性在网购中获得更多愉悦，感到更加自信，并且更加关注商品的品牌、时尚度以及商品的价格，表明女性更多的是在网络购物中追求一种享乐和愉悦感；相反，男性则更加看重网络购物带给他们时间上的节省和空间上的便利，这表明男性更多的是追求网购的功能性作用

(Seock & Bailey，2008）。

男女对于在在线购物中无法直接接触产品这一事实的感受也不同。女性比男性更加渴望能够从触觉上去评价商品，而在线购物的最大缺点就是购买者无法在购买前触摸到商品或进行试用试穿，这也导致了一部分女性顾客的流失。

2. 消费者的年龄

到目前为止，不同年龄阶段的在线消费者的购物行为表现出一些差异，包括在线消费者数量、购物态度、信息搜集行为、购买定向等。

网络消费者中，年轻人的数量多于年长者的数量。对网购者年龄实际数据的调查表明，年轻人较老年人更多在线购物。国外研究表明，网络购物人群中的年轻人多于年长者。我国数据也显示，在数量庞大的网络购物人群中，18～24岁的年轻人占总人数的比例最大（33%）。

年轻人与年长者对待在线购物的态度不同。年轻人比起年长者更倾向于承认网络购物的方便性，年轻人更少感觉到网络购物中的财产风险，也更少担心自己网购到的商品的质量问题。

年轻人与年长者在线购物时的信息搜集方式不同。年轻人比年长者更擅长于搜集信息，会花费更多的时间去搜索商品；在完成对商品的网络搜索后，年长者在线购买该商品的可能性要大于年轻人。

年轻人与年长者在线网络购物时感兴趣的商品类型存在差异。互联网用户的主体是年轻人，处于这一年龄阶段的消费者思想活跃、好奇、冲动、乐于表现自己，既喜欢追逐流行时尚，又喜欢展现独特的个性，这些特征在消费行为上表现为时尚性消费和个性化消费两极分化的趋势，因此，在电子商务市场中，一些时尚性或个性化的商品就显得更受消费者的欢迎。年长者更多地关注实用性商品。

总体上，在消费者年龄与网络购物行为之间的具体关系研究上，至今仍没有得出一致结论。斯坦福德（Stafford，2004）、道格拉斯（Douglas，2002）指出，网购者的年龄与在网上购买商品的可能性存在着显著的正相关；乔因斯等（Joines et al.，2003）认为，二者之间存在着负相关；罗姆和史瓦密纳森（Rohm & Swaminathan，2004）则认为，二者并不存在相关关系。导致研究结果无法统一的原因可能是由于不同学者的研究使用了不同的年龄分组，年龄跨度不等，大跨度年龄分组可能会使得年龄的影响作用减弱（Zhou，2007）。随着时间的推移，当在线购买不再是新生事物，年龄与在线消费者数量、购物态度方面的差异将逐渐缩小，但在购买商品类型上的差异会一直延续。

3. 消费者的受教育程度

有关受教育程度与在线购买行为关系研究的数量较少。如同性别一样，大部分研究把受教育程度作为个人控制变量。在受教育程度与网络购物行为的关系上，目前研究者得出了不一致的结论。阿克特（Akhter，2002）指出，相比低教育程度、年长、女性和贫困的消费者，更高教育程度、年轻、男性和富有的消费者更有可能利用网络购物。受教育程度的高低会影响网络购物行为，高学历的人是率先接受网络购物的群体，网购者的受教育水平普遍高于非网购者（Swinyar & Smith，2003；Hui & Wan，2007）。周、戴和张（Zhou、Dai & Zhang，2007）则认为，网络购物者的教育程度并没有显著差异，并指出这可能是因为网络购物是一件相对容易的事，并不需要很高的受教育水平。

在我国网民中，大多数人都接受过高等教育，高中（中专）及以上的用户占绝大多数，平均收入水平要略高于总人口水平，这一部分人群也是网络消费群体的主体。从实际情况来看，2011 年我国网络购物用户中，大专、本科及以上学历的人群占网购用户总人数的 44.8%；截至 2014 年 12 月，网民中具备中等教育程度的群体规模最大，初中、高中/中专/技校学历的网民占比分别为 36.8%、30.6%。高学历的网络消费者持续增长，如今逐渐成为消费群体中的主体。

在以往研究与数据调查的基础上，我们认为在线消费者的受教育程度与在线购买行为存在相关关系。在线消费者的受教育程度越高，越容易了解和掌握互联网方面的知识，也就越容易接受网络购物的观念和方式；越是受过良好的教育，网络购物的频率也就越高。高学历的人是率先接受网络购物的群体，网购者的受教育水平普遍高于非网购者，因为受教育水平较高的购买者更加信任网络，购买行为的多少受个体因素的影响，对于网上商品价格的看法也更为理性。

受教育程度与网络购物行为之间的关系还在于受教育程度会影响到消费者的创新接受程度和经济收入，这些因素又将作用于在线购买行为。

4. 消费者经济收入

在经济收入与在线购物行为的关系上，国内外学者得到的结果也不尽相同。

收入水平与网络购物的倾向性存在着正相关。苏丹和亨克里斯（Sultan

and Henrichs，2000）发现，消费者采用因特网作为购买渠道的意愿和偏好与其收入、家庭规模和创新精神正相关；道格拉斯（Douglas，2002）认为月收入水平与网络购物的倾向性存在着正相关；绿地在线公司的研究发现，网络消费者的收入越高，在网上购买商品的次数也就越多。与传统购物者相比，网络购物者的收入水平更高，这一结论并不出乎意料，因为最早出现在网络上的商品，例如，书籍、CD、电脑配件、度假和休闲旅行都不是生活的必需品，需要更多的收入才能支付。

也有研究表明，低收入的消费者会更愿意在网上购物。中、低收入的在线消费者在选择购买渠道时较多地考虑产品价格因素，而收入高的人对价格的高低则不是十分敏感。因此，当网上商品的价格明显低于实体店时，低收入的消费者会更愿意在网上购买。随着现在网络商品类型的增多，许多商品采用网上购物能大量地节约金钱，因而会极大地吸引低收入人群。李季（2006）的研究则表明，由于网上商品的价格明显低于实体店，低收入的消费者会更愿意在网上购买。

总体来说，在线购物商品的变化、在线购物群体的变化也相应地影响了经济收入和在线购物的关系。我们不能一概而论，但是可以肯定的是，消费者的经济收入对在线购物有着一定的影响。

5. 消费者个性特征

每个消费者都是一个独立的个体，都拥有独立有差异的个性，个性特征应该被称为影响消费者进行网络购买的最内在的因素或最独特的、难以寻找共性的因素。许多研究学者证实了个性特征对网络购物行为有影响，但影响的具体方面不相同。

（1）大五人格。

大五人格因素的其中三个——神经质、开放性和宜人性都与进行网络购物行为的意愿程度有着显著的关系。这三个因素不仅直接影响网络购物行为，而且还会影响消费者网络购物的情感卷入程度，而情感卷入程度是影响网络购买行为的重要因素（Bosnjar，Galesic & Tutenc，2007）。

（2）怀疑度。

怀疑程度高的消费者在做购买决定时倾向于依靠自己的内在态度而非环境因素，在浏览网络买家评价时，他们会更加相信符合自己原本设想的信息而忽略网络买家评价的质量；怀疑程度低的消费者会更容易受次要信息的影响来决定自己的态度，他们更容易被评论的数量等影响（Sher & Lee，2009）。

（3）自我效能感。

为突出人格因素的影响作用，有研究者提出了自我效能的概念，用来描述个体在执行某一行为操作之前对自己能够在什么水平上完成该行为活动所具有的信念、判断或主体进行自我把握与感受。高自我效能（Self-efficacy）的消费者倾向于积极地应对环境，学习使用新技术，做出新的决定；而低自我效能的人会尽量避免困难的任务，而且容易消极。喜爱网络购物的消费者也通常具有较高的自我效能感，对自己能有效使用网络购物这一新的购物形式而自信满满。

（4）创新接受程度。

无论是网购者还是非网购者，个性特征对购买行为都会产生一定的影响，但是网购者与非网购者在心理结构的许多方面都存在着差异。与非网购者相比，网购者更喜欢追求新事物，也更愿意承担风险，做事更为冲动，也更加喜欢寻求刺激的多样性；他们警戒心较低，容易信任他人，对未知的经验更为开放，更加愿意追求感官刺激，并且更希望成为一个意见领袖。如欧卡斯和费内奇（O'Cass & Fenech，2002）发现网购者经常是意见领袖、冲动性购买者和高效率的人；伊斯特利克和洛茨（Eastlick & Lotz，1999）也发现网购者多是革新者或者早期采用者。

（5）自我调节能力。

喜爱网络购物的消费者通常具有较低的自我调节能力，这与来自传统消费者的研究相符；情绪状态容易波动的人倾向于通过购物来调节自己的情绪，而网上购物不受时空限制的特点更是为这一行为提供了方便（LaRose & Eastin，2002）。

6. 消费者使用互联网的熟练度及网络购物经验

（1）消费者使用互联网的熟练度。

能够使用网络是进行网络购物的前提之一，网络消费者对互联网的熟悉度或使用熟练程度同样也会影响其购买行为。消费者刚刚接触网络时，对互联网的认知水平比较低，操作应用也并非很熟练，这时的消费者对互联网充满兴趣和好奇，其行为主要是通过实验和学习，力求认识和掌握更多的互联网知识，但由于对互联网还存在比较强的恐惧心理，因此在线购物行为发生的比率较低。随着消费者上网时间的增加，其对互联网也就越来越熟悉，操作应用也会越来越熟练，而消费者对互联网的恐惧心理也逐渐减弱，这时的消费者把互联网看成一种日常事物，并开始进行各种各样的网络购物活动。

大部分学者认为消费者上网时长与网上购物行为之间存在相关性（Douglas，2002），网络购物经验越丰富（Zhou，Dai & Zhang，2007），个体网龄越长（Bhatnagar，2004），就会越倾向于选择网络购物；但也有研究认为个体的网络使用时间与其愿意使用网络购物的程度并不显著相关，有经验的网购者依然将网购视为风险较大的购物渠道。和无经验的网购者一样，有经验的网购者在购物中为了防止损失同样会减少网购行为（Van，Kerkhof & Fennis，2007）。消费者使用计算机的经验不仅对信念、态度和意愿有直接影响，而且，涉及特定技巧的个人经验水平将调解信念、态度和意愿之间的关系强度（Thompson，1994）。

（2）消费者的在线购物经验。

传统消费领域的研究发现，消费者过去的知识经验会影响他们的态度和购买意愿，从而影响他们的购物行为（Korgaonkar，Lund & Price，1985）。网络购物经验与使用互联网的熟练程度类似，都是在适应并熟悉互联网及网上购物过程之后，以往的经历、经验对以后网购行为的影响。网络购物经验主要包括：消费者使用某网站所需要付出的努力，购物过程中的交互性，以及网上购物带来的乐趣。

网络购物经验会影响网购者如下方面的网络购物态度：接受度，网络购物经验越丰富，越倾向于继续进行网购；网络购物经验同网购满意度有中等程度的正相关，并且是网购满意度与网购意向两者关系的调节变量；信任度，满意的网络购物经验有助于形成网络购买效能感（消费者对网络购物环境进行的能够满足自己目标的推测），对网络购物持有高效能感的消费者对于网络购物会更加信任；忠诚度，先前的网购经验会影响消费者的后续网购行为，与特定网店交易的满意程度会决定消费者是否愿意在此继续购买。

网络购物经验会提高消费者在网络购物中获取信息的能力。就商品搜索所花费的时间和浏览的网店数量来看，丰富的网购经验会减少消费者浏览的网店数量。

7. 消费者的情绪与态度

虽然消费者的情绪和态度也是消费者个体特征的一部分，但经常被单独分析，因为二者是不可靠、不确定的因素，会随时随着消费者的心境变化而变化。情绪会影响消费者处理信息（Macleod，1996）、分析价格（如伍丽君，2005）、安全感知（Xia，1999）等方面，而态度则会对购买意愿（Fishbein et al.，1975）、心理特征（Wang，2001）、认知情况（如黎志成和刘枚莲，2006）等方面产生很大的影响，从而影响消费者的购买决策（如桑辉和许辉，2005）。

（1）情绪。

情绪在消费决策中所起的作用容易被忽略，实际上情绪和理智及信息质量一样都在决策的过程中起着重要作用（Macleod，1996）。情绪是一些体验，这些体验使消费者以某种方式行动（Fehr & Russell，1984）。帕克、列侬和斯图尔（Park、Lennon & Stoel，2005）用实验方法研究了情绪、感知风险和购买意愿之间的关系。情绪对网络消费者的决策有着明显的影响（Xia，1999）。

网站信息呈现的方式会影响人们的情绪体验，反过来，这些情绪体验影响消费者搜索信息以及消费决策。当虚拟的购买环境给人们带来愉悦情绪时，会促使人们继续搜索信息，这些信息会刺激人们的购买欲望，从而做出消费决策。尤其是对于体验型消费者，情绪对其消费决策的影响更为明显。

（2）态度。

以往研究表明，消费者的态度会显著影响网络购买决策，尤其是购买意图和购买行为。如费舍宾（Fishbein）等人（1975）认为，购买行为主要由购买意愿决定，态度是决定意愿的因素之一，态度一般通过意愿影响消费者的购买行为。总体上，消费者的态度对购买行为的影响，主要通过三个方面体现：首先，消费者态度将影响其对商品和购物方式的判断和评价；其次，态度影响消费者的学习兴趣与学习效果；最后，态度通过影响消费者购买意愿，进而影响购买行为。

在电子商务环境下，态度行为理论和技术创新扩散理论仍然有效，消费者网上购物的行为可根据其意图进行合理的预测，而意图由消费者的态度决定（黎志成和刘枚莲，2006）。在技术接受模型中，个体行为由行为意向决定，而行为意向由个人对使用系统的态度和对信息系统的感知共同决定。桑辉和许辉（2005）以技术接受模型为核心提出了消费者网络购物动机模型，该动机模型说明网络购物有用性的影响体现在两个方面：消费者使用网络购物的意向；消费者对网络购物的态度。

8. 消费者关注个人隐私的程度

由于互联网是利用计算机和信息通信技术，尤其是利用数字化技术和多媒体通信技术实现了不同国家和地区的计算机网络之间的通信，互联网这一特征是网络隐私安全问题产生的最重要的根源。网络隐私主要涉及四个方面的内容：不恰当的信息获得（如追踪上网者的偏好选择，在网络使用者电脑里暗藏后门木马）；不恰当的信息利用（如把网络消费者的信息让第三方知晓）；隐私侵犯（如直接发邮件到个人信箱或个人手机）；不恰当的保留（如无法退订服务）。

网络隐私方面的顾虑是阻碍消费者网络行为最频繁的因素。网络消费者十分关注个人隐私（Lowengart & Tractinsky, 2001），这增加了网络消费者做出消费决策的难度。IBM 消费者隐私调查（1999）结果表明，72%的网络消费者非常担忧网上的个人信息会被窃取或盗用。

希恩（Sheehan, 2002）根据网络消费者对个人隐私的关注程度将其分为四种类型：漠不关心型（unconcerned Internet shoppers）；慎重考虑型（circumspect Internet shoppers）；机警型（wary Internet shoppers）；高度警觉型（alarmed Internet shoppers）。不同类型的消费者对网络购物有着不同的态度。高度警觉型消费者在进行网络购物时十分关注他们的隐私，当网站需要消费者提供个人信息（如信用卡号码）时，他们将离开该网站，结束购买。这类消费者很难完成网络购物过程，尤其是交易过程。相反，漠不关心型消费者则很容易做出消费决策，完成网络购物过程。

9. 消费者的感知风险

网上感知风险是指消费者在考虑网上购物时，对这种购物方式存在的不利后果的严重性和可能性的主观预期。在商品购买过程中，消费者可能会面临各种各样的风险，有的风险会被消费者感觉到，有的风险则不一定会被感觉到。感知风险和实际风险可能不一致，有时甚至可能出现较大的偏差。

感知风险是影响消费者进行网络消费的关键因素（Corkle, 1990），是抑制消费者网上购物的主要障碍。消费者感知风险的大小与其消费意愿成反比（Steven, 2004）。由于互联网具有开放性（无国界）、虚拟性、数字化等特征，在线购物与传统购物模式相比，消费者感知到的风险会比较大。网上零售商品依赖于非人格化的电子店面来完成交易，消费者无法检查商品的实体，所以消费者会有不确定的感觉；同时，网上商店没有实体店面、设施和人员，由于网络降低了进入和退出市场所需要的资源和成本，消费者担心网上商店经营的持续性及提供后续售后服务的可能性，这更增加了消费者的不确定性，这些都会形成消费者网上购物的感知风险。感知风险会影响信息搜索的深度，从而影响网络购买行为（Chaudhure，1998）。

消费者一旦感知到某种风险的存在，就会产生焦虑，进而寻求减少该风险的方法（Taylor，1974）。消费者对要购买产品的感知风险越大，做购买决策时就越小心谨慎。这时候，消费者需要通过寻找其他可以给心理带来安全感、信任感的证据来减小风险。就在线购物而言，消费者降低风险的方法多种多样，如更长时间地浏览网页，到虚拟社区询问与交流，以及向线下渠道转移等，顾客常常会综合运用各种方式来考察风险大小。当感知风险降低到消费者可以接受的程度或者完全消失时，消费者就会做出消费决策并购买。

个体的风险认知倾向因文化的不同而有所不同，进而对在线消费者的购买行为产生影响（Tse et al.，1988）。文化差异也与个体感知到的潜在风险有关（Taylor，Franke & Maynard，2000）。

10. 消费者的购物导向

购物导向指个体在购物活动中寻找乐趣和满意的程度。消费者购物导向分为娱乐导向和便利导向两种（Bellenger & Korgaonkar，1980）。娱乐导向的消费者强调购物的社会交互功能，而便利导向的消费者更强调购物的便利性。

购物导向在消费者形成网络购物倾向的过程中起重要作用，是影响消费者决策的一个重要因素。一些研究表明，随着网络购物频率的增加，对购物便利的要求也相应增加，所以追求便利导向的消费者更倾向于网上购物。相对于那些寻求社会交互动机的消费者，寻求便利导向的消费者更可能在网上购物。史瓦密纳森等（Swaminathan et al.，1999）发现，便利导向的消费者采用网络购物方式的意愿比较强烈，并且他们网络购物消费的金额也比较大。社会交互导向与网络购物负相关，社会交互导向阻碍消费者在线购买。强调购物交互、娱乐和社会导向的消费者较少选择在网上购物。

购物导向与性别、教育和收入存在显著相关关系。一般而言，女性强调娱乐动机，男性则寻求便利动机。便利导向与教育、收入存在正的相关性，即高教育和高收入的人更追求购物的便利性。

11. 网络购物接受度

网络接受度是指人们对使用网络进行购买的态度。

消费者对于网络消费的态度会直接影响到他们在网上的消费决策，对于网络消费持积极态度的消费者更容易做出购买决策（Laaksonen，1993）。网络接受度越高，初始购买意向转换为网络购买意向的可能性就越大。如果感知易用性较高（如在上网过程中很顺利，网站网页打开速度很快，操作也很简易），同时感知有用性也很高（如消费者曾经有过很好的购买经历，或者该网站的信誉很好），那么网络接受程度就会较高，此时消费者很有可能产生最终的网络购买意向。也就是说，在线购物接受度高会加速消费者在线购买意愿的生成。

（二）外部环境因素

外部环境因素是指那些对消费者个体行为具有长期影响的宏观因素，如社会、文化、地域特征、购物导向等。

1. 社会因素（朋友、家人）

大量实证研究证明，家人、同伴、学校和大众传媒等社会影响因素对于传统消费者的行为影响巨大。社会影响理论指出，群体是被各种规范所约束的，处于群体中的个体会在一定的压力下顺从这些规范，做出被群体认作是适宜的行为。理性行为理论认为，主观规范是决定个体行为的重要因素之一，而主观规范是在个体感受到来自社会的规范信念和服从这些规范信念的动机的合力下形成的。社会学习理论认为，个体通过社会学习，即观察学习和替代强化，从而塑造自己的行为，使自己的行为符合社会期望。社会影响因素，比如朋友和家人的意见，之所以会在网络购物中产生作用，是因为面对一个新的购物渠道，消费者有更多的卷入感，他们会变得更加谨慎，会更加看重来自朋友和家人的经验之谈，认为它们很有参考价值。

与传统购物相比，网络商店是虚拟的，而在线购物者本身处于现实社会之中，那么来自现实生活中的社会因素是否会对在线消费者的购买行为产生影响？现有研究尚未得出一致的结论。琼斯和维嘉撒让斯（Jones & Vijayasarathy, 1998）认为，重要他人会影响消费者对于购物中经济性和安全性的感知。Njite & Parsa（2005）发现，当个体处于一个对网购具有支持性的社会环境中，比如身边有朋友或者亲戚进行网络购物或支持其进行网购，那么其网络购买意向会显著增强。这主要是因为家人和同伴的推荐可以降低消费者对于在线购物的风险感知水平，从而增强其在网上购买的意向，这一作用在女性身上表现得更为显著。在诸如购买纸质笔记本、肉类和衣服方面，社会影响均得到了实证支持。但有些研究者认为社会影响对网络购物消费者的购买意向和行为并无显著影响，或者只有有限的影响。

2. 文化因素

文化可以被界定为某个人群共同具有的关于价值、信仰、偏好和品位等的一套整体观念，它对消费者购买行为具有最广泛和最深远的影响。不同的国家和民族有着不同的文化，具有不同文化背景的消费者将形成各自不同的价值观、信仰、审美观念、生活方式等，从而也就导致了千差万别的消费行为。

（1）长期取向程度。

长期导向性、短期导向性表明一个民族对长远利益和近期利益的价值观。与西方国家的消费者相比，中国消费者的长期取向程度比西方消费者更高，因而更看重未来，强调坚持和长远的关系。

在长期取向程度高的文化下，消费者对网站的态度和对商品服务态度的关系更为紧密，而信任是影响消费者态度最重要的因素。与西方的网络购物消费者相比，中国的网络购物消费者更注重购买时的掌控感，而对愉悦感的关心程度更小。在浏览购物网站时，网站上与任务低相关的线索（如网页的背景设计）对中国网络购物消费者的购物态度和购物意图的影响更大；而与任务高相关的线索（如商品信息导航）对西方网络购物消费的影响更大。

（2）个人与集体主义文化。

指个人对于人际关系（他们所属的家庭或组织）的认同与重视程度。个人主义是指一个松散的社会结构，假定其中的人们都只关心自己和最亲密的家庭成员；而集体主义则是在一个紧密的社会结构中，人们分为内部群体与外部群体，人们期望自己所在的那个内部群体照顾自己，而自己则对这个内部群体绝对忠诚。

个人主义和集体主义之间存在着很大差异，这种差异会对消费者的网络购物意愿和行为造成一定影响。一些跨文化研究（Lee & Green，1991）表明，在一些表现出强烈的集体主义倾向文化背景下的人非常强调社会关系并且在做决定时容易遵从他人的意见。不同的文化与不确定性规避相关，从而会影响到感知风险和创新（Steenkamp、Hofstede & Wedel，1999；Javenpaa & Tractinsky，1999）。做决策时，韩国人比美国人表现出更强的集体主义倾向（Lee & Green，1991）；韩国人和日本人的不确定性规避程度高，而美国人则表现出低不确定性规避（Hofstede，1980）。

来自跨文化研究的证据表明,社会因素对于网购者购买意图的影响在中国人身上比在美国人身上体现得更为显著,这可能是因为中国是集体主义文化导向,个体更加注重社会规则;而美国是个人主义文化导向,消费者在购买时更加倾向于按照自己的喜好做决定。不同文化背景的人对网络购物的认知和关注重点不同。在集体主义文化下,中国人使用网络的目的更多是进行社会交流,不同于美国人使用网络更多的是搜索信息(Chau,2002)。中国的在线购物者更看重口碑的作用(Fong & Burton,2006),在购物网站用户讨论区寻求产品信息的行为显著多于美国消费者,中国的购物网站用户讨论区的品牌提及频率和其市场占有率是一致的,而在美国并没有这个现象。另外,中国的购物消费者会在用户讨论区探讨商品的出产国,一部分在线消费者会鼓励其他购买者抵制外国产品,这种鼓励会显著影响人们对该国产品的购买意向,这种现象在美国的网站用户讨论区不存在。

(3) 网络文化。

互联网用户借助于网络进行交流和沟通,逐渐地形成了普遍认同的网络文化,比如,网络礼节(netiquette)、对开放和自由的信仰,以及对创新和独特的事物的偏好,等等。在互联网上还存在着诸多的亚网络族群和相应的亚网络文化,比如那些出于共同的兴趣或爱好(网络游戏、音乐等)而形成的新闻组、聊天室等,这些亚网络族群中的成员往往具有相同的网络价值观并且遵循相同的网络行为准则。

网络文化必然会影响到网络消费者的实际消费行为。随着电子商务向纵深发展,网络消费者的结构变得较为复杂,网络文化开始表现出多样性的特征,影响的消费行为也趋向于多样化,所购买的商品中信息技术类产品的比例逐渐下降,而其他种类产品的比例则逐渐上升,商品组合开始出现多元化的趋势。

3. 地域特征

地域通常是指一定的地域空间,是自然要素与人文因素共同作用形成的综合体。不同的地域会形成不同的镜子,反射出不同的地域文化,形成别具一格的地域景观。

消费者在购物过程中,一般会选择自己熟知的地域范围内的事物,或选择相信具体地域范围内的人所说的话,从而影响其购买决策。网络卖家的地域特征也是影响网络购买的一个方面。徐琳(2006)认为,由于信息不对称、欺诈现象、售后追偿成本等原因，造成了我国网络购买的地域特性：网络卖家地域特征和购买者地域特征的相近性，网络购买决策和购买行为成正相关关系，即在网络购物中的买卖双方处于同城要比买卖双方处于异城更有利于购买者购买决策的形成；可替代的网络卖家都在异城，购买者更倾向于和相对邻近的城市的网络卖家达成交易。

（三）网站因素

消费者的网络购买建立在互联网的基础之上，网站/网页是消费者进行网络购买的前提，对消费者的网购行为也产生了很大影响。本书主要从网站商店界面设计、商品陈列、网上购物交易成本、虚拟社区等来分别探讨其对消费者在线购买行为的影响，汇总如表1-2所示。

表1-2 网站因素综述汇总

影响消费者在线购买行为的网站因素	在线商店界面设计	Eighmey（1997）和 Eighmey & McCord（1998）认为，消费者更喜欢清晰的网站界面和使用方便的网站设计
		黎志成和刘枚莲（2002）证实了网页设计风格因素会影响消费者的网上购买行为
		Rosen & Howard（2000）发现，清晰的界面、浏览的方便性和有效性也会影响消费者的决策
		Lohse & Piner（1999）发现，网络商店的特性（如商品目录单排列、网页界面、网上搜索时间等）会显著影响消费者流量和商品销售额
	网络安全	Jarvenpaa et al.（1998）认为，缺乏安全可靠性是消费者放弃网络购物的主要原因
		Anthony et al.（2001）认为，消费者对网络隐私的安全性是消费者网络购物的主要障碍
		Nena（2003）认为，消费者的网络购物安全感越低，风险预期就越高，网络购物的参与程度就越低
		苏秦等（2007）认为，顾客与供应商之间的情感关系（安全可靠、情感因素）对顾客的行为意向和顾客的实际消费行为都有正向影响

续表

影响消费者在线购买行为的网站因素	在线购物便利性及交易成本	Henderson & Divett（2003）发现知觉到的易操作性和知觉到的有用性变量解释了15%以上的网上购物意向变异
		Chiang & Dholakia（2003）发现，销售渠道便利性的对比会影响消费者的网上购物意向
		吴敬松、镡铁春和刘伯颖（2008）证实了网站商品推荐的及时性与消费者认知易用性显著正相关
		曾伏娥和张华（2008）的研究发现，无上网购物经验的消费者是否将网上购物冲动退缩为橱窗购物行为由其感知到的交易成本决定
	虚拟社区	Pentina、Prybutok & Zhang（2008）认为，虚拟社区可以增强消费者对于购物网站的信任，甚至影响消费者的购买决策
		Wei、Straub & Poddar（2011）的研究发现，消费者能够在虚拟社区产生社会认同感，进而彼此影响网络消费行为决策
		Pi（2011）的研究表明，虚拟社区中的消费者在做出购物决策时习惯分享彼此之间对商品或品牌的偏爱，关注朋友所选的商品，有时还会一起购买某件产品

1. 在线商店的界面设计

传统实体商店可以通过门面装潢来展示自己与众不同的形象，从而吸引消费者的光顾。对于在线零售商店来说，由于没有实体建筑物的依托，与网络空间一样，它的存在其实只是一种虚拟的想象概念，其于现实中的体现则是在网络消费者计算机终端上所显示的网页，网页是在线零售商与网络消费者相互交换信息和执行各种交互活动的唯一媒介，因此称之为在线零售商界面。传统线下商店或大型超市对货架摆放和物品归类都有比较明确的要求；虽然是虚拟商店，在线商店同样对界面设计有一定的要求。

优良的界面设计能够有效促进在线消费者的购买行为。网络零售商店界面设计的好坏将会对网络消费者的第一印象产生重要作用，很难想象一个界面设计混乱、不协调的电子商务网站会吸引网络消费者的注意并进入浏览、购物。消费者更喜欢清晰的网站界面、容易浏览的零售网站，以及使用方便的网站设计（Eighmey，1997；Eighmey & McCord，1998）。清晰的界面、浏览的方便性和有效性也会影响消费者的决策（Rosen & Howard，2000）。网络商店的特性（如商品目录单排列、网页界面、网上搜索时间等）显著影响了消费者流量和商品销售额（Lohse & Piner，1999）。网页设计风格因素影响了消费者的网上购买行为（黎志成和刘枚莲，2002）。

通常，在线零售商店界面设计得优良与否将会使在线消费者产生如下三种行为。

立刻离开：当消费者访问某个在线零售商店时，若网站界面设计与消费者的审美观严重相左，或者网页设计得过分复杂导致出现严重的传输延迟现象，消费者会毫不犹豫地选择离开。

浏览：网站的界面设计引起了消费者一定的兴趣，但消费者仅仅在在线商店中浏览而没有发生实际购买行为，或者消费者浏览后发生了延迟的购买行为（消费者在浏览了其他网站后又重回该在线商店购买商品）。

浏览并购买：消费者在浏览网络商店的过程中，网站的界面设计刺激消费者产生了某种需求并引起相应的购买行为。

在线零售商店的有效界面设计应该能够诱发在线消费者产生后两种行为。首先，在线零售商店的优势在于可以利用信息技术达到这一目的；其次，还可以使用数据库技术记录消费者的年龄、性别、爱好、购买偏好等个人资料信息，为消费者提供不同的交互式购物界面，消费者也可以利用网站提供的软件程序定制自己所喜爱的风格的界面，极强的针对性和互动性提高了达成交易的概率，而这些在传统零售商店中无法实现。

2. 在线商店的商品陈列

传统线下商店可以通过不同的商品陈列方式达到展示商品和吸引消费者购买的目的；在虚拟的网络空间中，在线商店没有了店堂的货架概念，取而代之的则是网页、商品分类目录和店内商品搜索引擎，所列出的也不再是商品的实体，而是有关该商品的说明介绍和图片等，这必然会影响到消费者的在线购买行为。

在线商店中，商品实体和商品的说明介绍及其他相关资料是分离的，消费者无法通过与商品实体的直接接触来了解其质量和适用性。比如在传统的书店中，消费者可以通过触觉了解印刷质量，通过阅读了解内容的适合性。网络零售商店对单品的介绍只能依赖于文字说明和图片信息，这些资料的详细程度将会影响网络消费者的购买决策，文字说明太少、图片模糊不清的商品很难激发起消费者的购买欲望。

在线商店还可以利用信息技术来实现传统商店无法实现的功能，如提供店内商品搜索引擎、比价机制，这些新功能亦将会使网络消费者的行为出现变化。一般来说，消费者存在尽量降低认知努力程度的倾向。因为在认知过程中，信息搜寻、评价比较，以及决策思考都需要花费时间和精力，也就是说，消费者的认知过程是有机会成本的，这一机会成本的高低随着个人条件的不同而不同，消费者购物的总成本是商品价格和其机会成本的总和。在传统实体零售场所中，由于消费者认知的机会成本非常高，因此消费者的购物决策往往是选择基本符合自己需要和偏好的商品；在线购物中，通过使用在线商店的搜索引擎或第三方比较购物代理等一些智能化的工具，极大地节省了购物所花费的时间和精力，在线消费者认知的机会成本显著降低，从而能够做出更符合自己需要和偏好的购物决策，提高购物决策的质量和效率。例如，在消费者备选方案比较阶段，网站的竞品比较功能可以根据消费者需要，同时对多个竞品进行全方位的比较，节省消费者的认知努力，提高比较效率。

3. 在线购物交易成本

在线购物交易成本指个体在网上购物过程中知觉到的交易困难程度。在线购物的价值大都集中于降低消费者的购买成本上。互联网的出现极大地缩短了人们搜索信息和获得需求的时间成本和体力成本，这也是网络购物能够迅速发展起来的一个关键因素。消费者网上搜索信息的金钱成本是影响网上商店流量和网上零售额的一个关键因素。而网络商店搜索信息的时间与该商店的商品搜索功能、网址地图、商品指数、整体设计和组织相关，因此，与搜索时间相关的因素将影响消费者网络购物。网络购物能够降低购买价格。网络购物不仅可以给消费者带来极大的便利，同时也为商家节省了库存、物流等一系列成本。

交易成本越高，知觉到的网购便利性就越低。蒋和多拉基亚（Chiang & Dholakia，2003）发现，销售渠道便利性的对比会影响网上购物意向，当消费者认为传统购物不方便时，他们更倾向于网上购物。曾伏娥和张华（2008）基于交易成本经济学理论的研究发现，无网上购物经验的消费者是否将在线购物冲动退缩为橱窗购物行为，由其感知到的交易成本决定。

网络购物想要获得长足的发展，更关键的问题在于消费者对它的认知，即消费者能否认识到网络购物能够为他们提供比传统购物方式更高的价值。

4. 虚拟社区

虚拟社区概念最早由 Rheingole（1993）提出，主要是为有着相同爱好、经历或专业相近、业务相关的网络用户提供一个聚会的场所，方便他们相互交流和分享经验。对虚拟社区的定义，各研究学者不尽相同，主要归结为以下两类：一类将其定义为一群主要借由网络彼此沟通的人们，他们彼此有某种程度的认识，分享某种程度的知识和信息，在很大程度上彼此关怀，从而形成的团体；另一类认为网络生活的基本单元称之为虚拟社区，它是指个体自主选择加入的以计算机为中介的互动群体。

虚拟社区之所以能够对在线购买行为产生影响，主要有两方面的原因：一是虚拟社区可以增强消费者对于购物网站的信任，甚至影响消费者的购买决策（Pentina, Prybutok & Zhang, 2008）。虚拟社区的成员内部同质性很高，这种高同质性能够增强成员内部对彼此的信任，进而增强对成员推荐的网络商品和店铺的信任。通过虚拟社区的部分成员对网络商品和店铺的评价和推荐，其他的社区成员不仅能了解到推荐者对于特定商品的看法，还能间接感受到其选择网络商品和网络店铺的标准，这可以说是一种促进消费者网络购物行为的学习方式，这一形式可以卓有成效地推广有关新产品的信息，有效地增强消费者对于购物网站的信任，甚至影响消费者的购买决策。网络推荐可以极大地降低消费者对于网络购物风险的感知，减少消费者对网络卖家和网络环境的不确定感，从而增强购物意愿和重复购买行为。虚拟社区是一种能高效促进网络市场中信任建立的媒体。二是消费者能够在虚拟社区产生社会认同感，进而彼此影响网络消费行为决策（Wei、Straub & Poddar, 2011）。虚拟社区中的消费者在做出购物决策时习惯分享彼此之间对商品或品牌的偏爱，关注朋友所选的商品，有时还会一起购买某件产品（从而产生了团购这一盛行的消费现象），甚至是非计划内的非自身偏好的物品（Pi, 2011）。

网民们在虚拟社区里表达自我、获取信息、与他人交流互动、建立自己的社交网络，这些虚拟社区为以社会网络为基础的电子商务提供了一个高效的发展平台。当下，商家对虚拟社区日益重视，大品牌纷纷建立属于自己的"品牌社区"，各论坛、博客中的"网络水军"或者"网托"也纷纷涌现。从虚拟社区方面来进行网络营销，也是现在许多企业正在探索和尝试的一种新型有效的营销渠道。

5. 在线促销与广告宣传

经常在购买前通过网络搜索信息，对消费者的购买决策帮助很大（Beatty & Smith, 1987），网上寻找产品信息可以很好地预测其网上购物（Bellman et al.，1999）。消费者从网络上获得的最大益处是可以获得丰富的商品信息，并能通过复杂的、非线性的、间接的方式来提高消费者购买过程中的决策能力，消费者决策能力的提高主要来自于网上的增值信息服务（Hoffinan & Novak，1995）。电子商务网站提供的信息越有效，消费者对网站的评价就越高，购物意愿也越强（Chau et al.，1988）。而信息需要商家通过网络广告进行宣传才会出现在消费者的搜索视线内。因此，丰富信息的实现需要靠网络广告进行有利的宣传。

产品进行广告宣传或者促销的目的是试图影响消费者的购买行为（Walters & Jamil，2000）。正如线下零售情形，在线渠道同样有各种促销工具，诸如公司的标志、旗帜广告、对话框、电子邮件、超链接到网站的文本等，这些类型的促销手段对网络购买会产生积极的影响（Gallagher、Foster & Parsons，2001；Hirschman & Tompson，1997；Korgaonkar、Karson & Akaah，1997）。消费者对网络广告的反应与对传统媒介广告的反应非常相似，这也证明无论是传统的消费渠道还是网络消费渠道，广告宣传这一形式的目的、意义都是相同的，只不过行为方式上可能略有差别（Berthon、Pitt & Watson，1996）。网络广告宣传的好，不仅可以树立企业良好的形象，同时可以为网站增加流量甚至增加销售额。

企业通常可以通过三种方式来投放网上广告：第一，将广告放置在重要商业网站中的分类广告类目中；第二，将广告放置在某些为商业目的而设立的消息组里；第三，将广告放置在网络公告牌上，这种广告会在用户登录网站时自动弹出。

6. 物流配送及售后服务

（1）物流配送。

物流配送体系的建设一直是网络交易发展中的一个核心问题。物流配送连接着网络购物的在线店铺和消费者，是实现商品由店铺转移到消费者的枢纽。高质量的物流服务已经成为在线平台类零售企业的核心竞争力之一，如"昨天晚上下单，今天早上就送到了"的超级物流能力，成为很多消费者选择在京东商城购物的主因之一。

目前，涌现出很多物流公司，但是各物流公司不仅在实力上存在着明显的差距，而且工作人员的素质也是良莠不齐。物流配送质量也会影响到在线购物，主要体现在以下几个方面：第一，与线下购买相比，消费者线上购买时无法直接获得产品这一事实在一定程度上消极影响了在线购买，消费者一旦下了订单，就希望快速获得商品，此时物流的效率对于消费者评价购买质量特别关键；第二，物流质量影响到消费者对在线零售商的感知，若物流配送不及时或者物品出现毁损，消费者可能将责任归咎为在线零售商；第三，在线销售的某些商品对配送的时间、方式有特殊要求，如果配送服务出现问题，将可能影响到产品质量，如生鲜产品需要冷链运输，且限时送达。

（2）售后服务。

售后服务是指生产企业、经销商把产品（或服务）销售给消费者之后，为消费者提供的一系列服务，包括产品介绍、送货、安装、调试、维修、技术培训、上门服务等。售后服务是产品生产单位对消费者负责的一项重要措施，也是增强产品竞争力的一个办法。一般而言，生产厂家对实体店和在线销售出去的产品"一视同仁"，只要是在正规渠道销售的产品（非水货），消费者能拿出全国联保发票和保修单，就可以享受和实体店一样的售后服务。

售后服务在一定层面上反映了网络商家的可信赖度。由于空间地域的原因，网络购物的售后服务很难在第一时间满足消费者的要求，消费者首先需要在网络上与商家进行售后服务确认，然后在一个时间段之后才能接收到商家的线下售后服务体验。特别是产品退换货服务，一般产品都是通过第三方物流递送到顾客手中，在退货时需要额外付出费用才能实现，这在一定程度上阻碍了在线购买行为（退换货运费保险在一定程度上解决了该问题）。网络的虚拟性及监管缺失还造成了有些消费者根本享受不到商品的售后服务，这将影响到消费者对在线购物及特定商家或平台的信任。

针对我国售后服务方面的不完善，《中华人民共和国消费者权益保护法》规定经营者采用网络、电视、电话、邮购等方式销售商品，消费者有权自收到商品之日起七日内退货。此外，还明确了对消费者个人信息的保护，以及规定了网络交易平台的责任等。

7. 在线商店信誉

商家信誉是从事电子商务的企业在其网络经营活动中所获得的网络消费者公认的一种信用、名声和口碑（陈小云，2013）。在电子商务平台中，信誉等级反映了商家的经营经验和信用状况（崔香梅和黄京华，2010）。在线商家的信誉主要由产品信誉、网站品质和服务信誉决定。

信誉能正向影响消费者的在线购买行为。作为在线购物中非常重要的一环，信誉虽然相比以前已经被弱化，但是不管是对排名、流量还是对消费者的潜在影响上，都起到重要作用。首先，信誉是在线消费者衡量和选择在线商店的标准之一。作为消费者，在同类型产品里，一般也多会选择信誉高的店铺进行购物，商家信誉也成为消费者衡量在线商店的标准。其次，信誉是形成消费者信任的重要前因变量。良好的信誉会增加消费者对商家所提供的商品、服务和广告的信任（Jarvenpaa、Tractinsky & Saarinen，1999），有利于促进消费者的购买意愿（Mailath & Samuelson，1998）。对于在线商家而言，信誉等级高的商家能够凭借信誉在长期获利（Tadelis，1999），甚至赢得溢价（周黎安等，2006）。最后，商店信誉能够降低消费者的购买风险，尤其是售后服务风险。

信誉问题俨然成为在线购物健康发展最大的瓶颈。由于网络的虚拟性，使用假身份注册成为可能，在线商家有可能会以次充好，蒙骗消费者等，这增强了交易的不确定性，使消费者对网上购物抱有怀疑态度。

8. 网络安全

自互联网络普及以来，网络安全及网上交易安全一直是被广泛关注的问题。人们在网上满足需求的同时，对网络安全的要求也越来越高。毕竟，消费者对网络零售的感知风险要明显高于传统实体店环境（Houston，1998）。

缺乏安全可靠性是消费者放弃在线购物的主要原因（Jarvenpaa et al.，1998）。消费者的在线购物安全感越低，风险预期就越高，网络购物的参与程度就越低（Nena，2003）。网上交易成功的关键是保证交易双方都有安全感，但目前国内的网上购物体系还无法给交易双方提供100%的安全保障。网络安全的问题一直制约着中国网民深层次的网络应用发展。网上购物欺诈陷阱近几年一直呈现快速上升趋势，这也是网购用户一直以来的困扰。在网络购物中，用户的个人信息、交易过程中的银行账户密码、转账过程中资金的安全等问题都是网络购物过程中的安全隐忧。

隐私问题与安全问题一脉相承。网络中的隐私可以界定为网络保护个人信息不被他人所利用（Komiak & Benbasat，2004）。隐私问题是消费者不进行在线购物时提及最频繁的原因（Miyazaki & Krishnamurthy，2002）。消费者对网络隐私安全性的质疑是消费者网络购物的主要障碍（Anthony et al.，2001）。大部分研究都表明，被试关心的问题是其信息被作为商品提供给第三方或者第三方开展没有经过消费者授权的活动（George，2002）。

9. 网络评论

网络评论是消费者在网上购买产品之后对产品或服务发表的一种在线反馈。网络评论可以大体上分为正面网络评论和负面网络评论。

正面的网络评论有助于树立网络商家的形象，而负面网络评论会损害网络商家的信誉。负面网络评论是指消费者在使用过某项产品或服务后产生的不满意的购买体验，并将这种体验告知自己的朋友、家人或认识的人（Richins，1983），并建议他人不要购买（陈书林、梁世安，2006），这种负面信息的力量之强大甚至可以给企业的声誉造成重创（Lau & Ng，2001）。负面网络评论通过评论数量及比例（陈睿，2015）、评论者专业度（张耕、郭宁，2012）、评论情感倾向（翟丽孔，2011）及评论强度（吴菲，2016）等方面，对消费者的信任（阮燕雅，2015）、购买意愿（常亮，2016）、购买决策（李宏、喻葵、夏景波，2011）及产品销量（喻亦爽，2016）等产生显著影响。

在全球网民中，中国网民更倾向于浏览和阅读负面网络评论。结合负面网络评论对消费者购买决策的影响作用，网络零售商及商家应该提高警觉性，对负面网络评论进行标准化管理，并进行有质量地回复。

10. 网络商店氛围

商店气氛通常是指商店用来树立形象和招徕顾客的物质特征。线下商店在门面外观、店内布局、商店陈列等方面上的不同会营造出不同的气氛，并且会直接影响到消费者的心理感受或情绪，从而导致消费者的行为出现较大的变化。在线购物中，在线零售商由于没有如同传统零售商店那样的实体依托，因此，很多经营者会忽视商店气氛的营造。实际上，氛围对在线零售商店依然重要。

营造一个良好的网络环境和网络氛围需要商家用心做出精美、易浏览的界面，拥有良好的商家信誉和顾客评价及适当的产品促销活动。氛围是通过人们的视觉、听觉、嗅觉等来感知的。例如，我们在超市购物，货架的摆设、背景布置、色调、气味及音乐等都是氛围影响因子。而在网络这个虚拟环境中，消费者无法通过嗅觉来感知氛围，只能通过视觉以及听觉来判断。因此，网络商店的界面和背景音乐、小视频等，都可以成为帮助消费者做出购买决策的因素。

（四）商品特征

在线消费者的消费决策不仅受到个人因素、环境因素的影响，也受到商品特征的影响。产品特性包括产品功能、价格、质量、产品丰富程度、品牌、外观、包装、服务、便捷、安全可靠等。本书从价格、品牌、质量、类别及多样性五个方面进行分析，汇总如表 1-3 所示。

表 1-3　　　　　　　　　　商品因素综述汇总

影响消费者在线购买行为的商品因素	价格因素	里德（Reed, 1999）发现，实际上 85% 的消费者在网上消费时更加关注价格
		阿尔巴（Alba, 1997）认为，网络消费者在网上可以获得很多关于价格方面的信息，从而可以比较不同销售商的信息；而且网上产品的价格比较低时，消费者会更容易地作出购买决策
		泽尔韦格（Zellweger, 1997）的研究认为，消费者感知价格竞争力越高，越有可能进行电子交易，零售商提供商品价格比较功能是促进消费者网络消费的重要因素
	品牌因素	达沃和帕克（Dawar & Parker, 1994）研究发现，当消费者对某一产品不是十分了解时，品牌对其购买决策的影响十分显著
		李和唐（Lee & Tang, 2003）发现，很多消费者愿意在网上购买名气大的品牌，而不愿购买不知名的品牌；同时还发现消费者在知名度较高的网络商店有较高的购物意愿
		孔伟成和陈水芬（2011）证实产品的品牌知名度与感知风险呈负相关
	产品质量	沃尔芬巴格、玛丽和吉丽（Wolfinbarger, Mary & Gilly, 2003）指出，质量越好的产品越容易受到零售商和消费者的青睐
		阿尔巴和林奇（Alba & Lynch, 1997）研究认为，商品的比较功能和商品种类丰富是影响消费者网络购物的一个关键因素
	产品类型	博比特和戴波利卡（Bobbitt & Dabholikar, 2001）指出，高风险类别产品对网络购买有负面影响，而处于中间层次的产品往往对购买意图有积极作用
		纳尔逊（Nelson, 1974）将商品分为体验类和搜索类并表示，消费者对搜索类商品（如书、CD 等）更容易作出决策，对体验类商品不容易做出决策
		吴俊杨和钟建安（2009）也认为消费者对搜索类产品具有更高的信任度，而对体验类产品存在较大的社会心理风险

续表

| 影响消费者在线购买行为的商品因素 | 产品多样性 | 阿尔巴和林奇（Alba & Lynch，1997）认为，网上商品种类丰富，有些商品消费者想要购买而在传统商铺不容易找到，就可以通过网络商店方便地查询购买，补充了传统商店某些产品的短缺。商品的比较功能和商品种类丰富是影响消费者在线购物的关键因素 |

1. 商品价格

价格可以定义为消费者对商品价格的知觉。事实上，消费者把实际/客观的价格进行编码和加工，使得价格对他们产生意义。就某一个产品而言，消费者是否能够接受某一水平范围内的价格，取决于其通过与内在标准的比较，对产品的实际价格做出判断。因此，价格是感觉到的结果，而不是真正的客观价格才会影响消费者对产品的评价和选择。本书提及的价格是感知价格。

价格是影响消费决策的重要因素。产品价格对在线购买意图与在线购买行为具有负向影响（孔伟成和陈水芬，2011）。有竞争力的价格是刺激消费者在线购买的重要因素。相对于传统消费模式，在线购买模式提供的产品更为丰富，价格更为诱人（原因在于网上商店减少了流通环节和交易费用）；又由于省时、便捷，消费者足不出户就可实现"货比三家"，进一步降低了交易成本。网上产品的价格比较低时，消费者会更容易地做出购买决策（Alba，1997）。消费者感知价格竞争力越强，越有可能进行电子交易，零售商提供丰富的商品信息，并提供商品价格比较功能是促进消费者网络消费的重要因素（Zellweger，1997）。实际上，85%的消费者在网上消费时关注价格（Reed，1999）。

2. 品牌

在传统线下购买模式中，品牌是消费者评价产品最重要的因素之一。品牌能减少消费者关于产品质量方面的顾虑；品牌还能减少消费者评价产品过程中的搜寻成本以及认知努力，从而帮助消费者更容易地做出购买决策。当消费者对某一产品不是十分了解时，品牌对其购买决策的影响十分显著（Dawar & Parker，1994）。

事实上，无论是在线上还是在线下，品牌都会影响消费者的购买行为。在线购物中，品牌往往作用于在线商品的安全与可靠性，从而对消费者的购买决策产生影响。很多消费者愿意在网上购买名气大的品牌，而不愿购买不知名的品牌；消费者在知名度较高的网络商店有较高的购物意愿（Lee & Tang，2003）。产品的品牌知名度与感知风险呈负相关；为了降低风险，消费者会采取许多措施（如选择品牌、规定包装样式等）（孔伟成和陈水芬，2011）。因此，在网络消费模式下，品牌对消费决策产生的影响更加显著。

3. 商品质量

商品质量是衡量商品使用价值的尺度。质量是产品、过程或服务满足规定或潜在要求（或需要）的特征和特性的总和（国标 GB6583—1986）。

无论是在线商店还是线下商店，商品都是最关键的因素，而商品质量则是重中之重。商品质量是消费者选择商品的重要依据。在价格基本相同的情况下，消费者倾向于选择高质量的产品。产品质量对网上零售商和消费者行为产生影响，质量越好的产品越容易受到零售商和消费者的青睐（Wolfinbarger、Mary & Gilly，2003）。当消费者买到的产品在功能上达不到其预期时，则会造成对心理或自我感知产生伤害的风险，进而影响其后续购买行为。

商品质量也是消费者线上、线下渠道迁移的原因之一。由于在线商店的虚拟性，以及消费者事先无法通过直接体验感受商品质量，消费者在在线购买稍微贵重的商品时一般比较慎重。尤其是在线上商店频繁出现假冒伪劣商品的背景下，消费者可能只是将线上渠道作为了解信息的途径，实际购买却是在线下商店。近年来，假冒伪劣商品正在从线下流向线上，尤其是流向开放给第三方的购物平台，由此引发的顾客投诉率也逐年上升，有些平台甚至成为假冒伪劣商品的线上温床。究其原因，一是平台对第三方商家的审核和后期管理并不严格（如从招商资料上只需要提交用户信息、上铺信息、资质以及域名，缴纳一定的费用就可以入驻）；二是流量费越来越贵，在线商家投入大量金钱购买流量和广告才能保证店铺排在前面。这就倒逼店铺销售假冒伪劣商品以获取高额利润；三是平台自营业务往往亏损，需要依靠第三方商家弥补亏损。

商品、服务、促销、方便、支付和搜索会影响网络商店的销量（Spiller，1997）。产品的提供、信息的丰富、虚拟店面的使用、感知商店信誉和服务质量等因素会影响网上消费者行为（Chen，2000）。

4. 商品类型

在线环境中商品的类型也会影响消费者的消费决策。基于不同视角，可以对商品的类型进行划分。

体验类商品和搜索类商品。在网络购物商店，对于搜索类产品，消费者的购买意愿高于体验类产品。消费者网上购买最多的商品是书籍、计算机硬件和软件、电子设备等。美国调查表明个人网上购物最多的商品是书、飞机票和音乐CD（BizRate.com，2002）。书、VCD和计算机软件是消费者网络购物的主要商品（Hui，2002）。一是搜索型商品（如书、CD等）的特征比较容易评估，消费者比较容易做出消费决策；而体验型商品（如衣服、首饰等）的特征在购买以前是不确定的，消费者较难做出决策（Nelson，1974）。二是因为搜索成本较低，因此在电子环境下，搜索类产品的销售获得成功的可能性比较高。这对那些销售体验类产品的商家来说，是一个很大的挑战，商家必须设法把体验类的产品变成搜索类产品，才能刺激网上的消费与购买。三是产品类型显著影响消费者网购的信任感和风险感知，消费者对搜索类产品具有更高的信任感，而对体验类产品则存在较强的不安全感；与搜索类产品相比较，消费者对体验类产品的商家存在更高的信任感（俊杨和钟建安，2009）。罗文格特（Lowengart，2002）研究商品的特性与消费者行为之间的关系，用书和计算机分别代表那类产品质量无异议的搜索商品和商品质量需要消费者使用和体验后评价的体验商品，发现：购物过程、商品质量、在该店的购物风险、商店的大小和声誉4个因子能解释图书购买行为变量的63%；6个因子（增加了有关商品信息和产品本身质量2个因子）能解释计算机购买行为变量的66%。

高风险、中等风险与低风险产品。高风险类别（如昂贵或者技术复杂）产品对网络购买有负面影响，而处于中等程度风险产品的在线购买意图最高（Bobbitt & Dabholikar，2001）。

高参与和低参与产品。一些产品要求消费者的参与程度比较高，消费者一般需要现场购物，而且需要很多人提供参考意见，对于这类产品，不太适合网上销售。

由于网上市场不同于传统市场，网上消费者有着区别于传统市场的消费需求特征，因此，并不是所有的产品都适合在网上销售和开展网上营销活动的。

5. 商品丰富性

在传统购物环境下，消费者获取商品信息的来源主要靠生活积累，搜集过程较长，得到的信息比较片面。在网络购物环境下，消费者可以集中时间搜集、查找大量的有关商品的信息。

网络市场上产品的多样性潜在增加了在线销售量。在线商店的商品信息量大，数量、种类丰富，可选择范围广。有些商品消费者想要购买而传统商铺不容易找到，就可以通过网络商店方便地查询购买，补充了传统商店某些产品的短缺。商品的比较功能和商品种类丰富是影响消费者在线购物的关键因素（Alba & Lynch, 1997）。

五、消费者网络/在线购买行为的后续影响

（一）满意度

满意度是最能直接衡量顾客网络购物行为结果的一个因素，可以反映出顾客在进行购物之后的心理状态。在线消费者的满意度受多种因素的影响，如客户服务氛围（Kursunluoglu, 2014）、网站服务质量、技术因素，以及内部的具体费用因素（Lin & Sun, 2009）、网络购物经验（Pappas, 2014）、订单按时交货（Dholakia & Zhao, 2010）、物流服务（Hu, 2016）、效率（Sheng & Liu, 2010）等。

除了上述影响顾客满意度的因素之外，又有许多学者将影响因素进行进一步细分。温世松（2012）认为，电子商务服务质量的5个维度，即网站易用性、安全与隐私、服务可靠性、客户关怀性、网站反应性均对顾客满意度有显著影响；牛文博（2012）提出6个顾客满意度影响因素，包括网站安全性、网站价格优势、网站信息质量、购物便利性、网站物流配送、网站企业形象，都与顾客满意度正相关；刘等（Liu et al., 2008）研究发现，网络购物中的8个主要因素（信息质量、网站设计、商品属性、交易能力、安全/隐私、付款、发货和顾客服务）与顾客的满意度均相关。

消费者对网络购物满意度的评价主要体现在顾客评价上。网络为消费者反馈顾客满意度提供了便利途径，且消费者可以直接了解自己的评价和查看其他顾客的评价。作为最重要的信息渠道，顾客的满意度评价成为消费者选择评价商品的重要依据，而消费者自身的满意度评价将影响其忠诚。

（二）忠诚度

在线消费者的忠诚度的影响因素众多，诸如：顾客价值、电子信任、电子满意和转移成本（刘梅，2007）；客户服务氛围、客户支付服务及客户服务接触（Kursunluoglu, 2014）；品牌（Duffy, 2003）；成就感和隐私（Sheng &

Liu, 2010);在线商店形象、商品来源地、服务和在线商店购物氛围(Yun & Good, 2007);等等。

此外,顾客的满意度对顾客的忠诚度有直接影响(Lin & Sun, 2009; Sheng & Liu, 2010)。电子商务的服务质量和客户感知价值会影响客户的满意度,进而影响客户的忠诚度,同时,客户的忠诚度也受客户满意度的影响(Chang & Wang, 2011)。

资产专属性同样对网络顾客的忠诚度有正向影响。对网络涉入程度高的顾客或高创新性的消费者而言,资产专属性对网络顾客忠诚度的影响变得显著,这表明网络经验丰富、涉入程度深或个人创新性强的消费者会对自己满意的网站投入较多的专属资产,从而提高其对购物网站的忠诚度(查金祥,2006)。

(三)重购意愿/行为

通过对在线消费者重复购买影响因素的研究发现,影响重购意愿和行为的因素包括:信任(Chiu, 2009;喻建良、李岳和倪剑,2011;巫月娥,2015);感知易用性、感知有用性和乐趣(Chiu, 2009);净收益和满意度(Fang、Chiu & Wang, 2011);消费习惯(Kuo, 2013);购物经验(Pappas, 2014);网络正面口碑(巫月娥,2015);等等。

重复购买与满意度和网络购物经验有着密切的联系。网上购物经验加强了预期表现和满意度之间的关系,然而却减弱了满意度与重复购买意愿之间的关系(Pappas et al., 2014)。消费者的不确定性与其满意度有显著的关系,这种关系又对消费者的重复购买意愿有显著影响(Yen & Lu, 2008)。网上购物经验对消费者满意度和调整预期均有显著影响,网上购物经验是消费者满意度的一个关键驱动力,消费者满意度是调整预期和重复购买意愿的重要驱动力(Lin & Lekhawipat, 2013)。

在特定的在线购买领域,也有一些研究发现。冲动性购买后的愉快情绪与重复购买意愿正相关,后悔情绪与网络消费者重复购买意愿的关系则不显著(巫月娥,2014)。人口统计变量对消费者在线食物团购的满意度有影响,消费者的满意度又对重复购买意愿产生影响(Chang, 2013)。

六、消费者在线与实体店购买过程比较

消费者购买过程是指消费者在购买产品或服务过程中经历的步骤。这些步骤代表了消费者从认识产品和服务需求到评估一项购买的总体过程。传统实体

店情境下消费者的购买过程包括以下五个阶段：需求确认、信息搜寻、评估选择、购买决策、购后评价。上述五个阶段只是消费者购买时所经历的一般步骤，消费者在具体的购买中可能会省略部分步骤。

在线消费者的购买过程是在线消费者购买行为形成和实现的过程。在线消费者的购买行为早在实际购买之前就已经开始并且延长到购买后的一段时间，有时甚至是一个较长的时期。与传统购买行为相比，在线消费者的购买过程增加了两个阶段，一个是下订单，另一个是授权支付。因此，在线消费者的购买过程可以粗略地分为七个阶段：需求唤起、搜索信息、比较选择、下订单、授权支付、接收产品与售后服务、购后评价与反馈（张猛，2009），如图 1-11 所示。

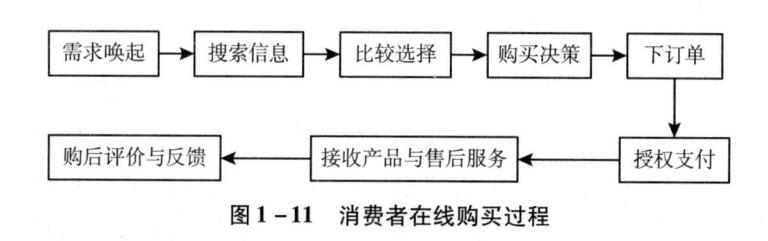

需求唤起 → 搜索信息 → 比较选择 → 购买决策 → 下订单
购后评价与反馈 ← 接收产品与售后服务 ← 授权支付

图 1-11　消费者在线购买过程

（一）需要唤起

需要是个体感觉到某种缺乏而力求获得满足的心理倾向，是个体对内外环境的客观需求在头脑中的反应，它常以一种"缺乏感、不平衡感"体验着，以意向、愿望的形式表现出来，最终产生推动个体进行活动的动机。消费者的决策过程通常起始于消费者意识到一个需要解决的消费问题。

在需要唤起阶段，诱发需求的动因包括人体内部的刺激（如饥饿感使得人们想要登录网站购买外卖食物）和外部的刺激（如寒冷的刺激可以引发对棉服的需要）。与在线购物相比，传统购物在需要唤起阶段的最大优势在于外部刺激的丰富性。给予顾客真实体验和触感，使消费者感受到商品实物的大小、尺寸、颜色等，消费者通过实体触摸与视、听觉来确定物品的质量、属性，能够增加消费者的购买信心和意愿。因此，触感等体验在很大程度上可以影响消费者的购买决策。在线商店诱发需求的诱因一般存在两个局限：一是无法提供实体产品的触觉、嗅觉、味觉及试用体验，在线商店只能利用文字表述、图片设计、声音配置等手段通过视觉和听觉激发消费者的需要；二是购物情境方面有所欠缺。顾客在购买之前无法体验到产品，若购买后发现收到的商品与网上的信息不符，则带来糟糕的购物经历，从而产生后悔或失望的情绪，这将影响顾客体验与顾客的持续购买。

相对于传统消费，网络营销对消费者的吸引力很小（崔小杰，2010）。在线商家必须巧妙地设计营销手段吸引更多的消费者浏览网页，诱导其消费需求的产生。网络零售商更多地应用网络虚拟现实等技术为消费者设计、提供尽可能全面的环境线索，增加顾客多种感官体验以弥补触觉体验的不足。利用个性化软件准确识别消费者，从而根据消费者的个性特征有选择地传递信息，提高对消费需求刺激的准确性和有效性。

在线消费者购买行为的产生可能首先来自于网站的良好声誉，这一点至关重要，购物需求在任何时候都会产生，人们可以在线下的任何卖场实现需求，而不必求助于网络，正是网络购物的口碑日渐在大众中传播和逐渐被接受，才产生了在线购物需求。因此，塑造良好的网站形象和大众口碑是吸引用户的第一步。实体购物也一样，一般存在两种情况：一是有明确的消费需求，也就是已经清楚需要购买的商品；二是网上冲浪，带着新奇或随意的心理来到网站，需求并不明确，没有确定目标。

（二）搜索信息

当需要被唤起后，消费者都希望自己的需求能得到满足，收集信息、了解行情成为消费者在线购买的第二个环节。总体上，收集信息的渠道主要有两个：内部渠道和外部渠道。内部渠道是指在线消费者个人所储存、保留的市场信息，包括购买商品的实际经验、对市场的观察，以及个人购买活动的记忆等；外部渠道则是指消费者可以从外界收集信息的通道，包括个人渠道、商业渠道和公共渠道等。当然，不是所有的购买决策活动都要求同样程度的信息和经历同等程度的信息搜寻过程。

与传统购买相比，消费者在线购买时的信息搜集呈现如下特点：

- 消费者网络购买的主要信息收集途径是网络

在线购买过程中，商品信息的收集除了利用传统途径外（如观看广告、实体店查看商品），消费者的信息来源主要来自于网络。若消费者为了在相应的购物平台（如淘宝、京东等）搜集商品信息，可以不注册账号；若后续有购买行为，则必须注册新账号，选择自己的用户名及密码，在以后每次的网络购物时都要先进行账号登录才能进行后续的购买行为。

- 消费者网络搜集的信息量更为丰富

在传统的购买模式下，消费者一般通过广告、促销、朋友宣传等获取信息，信息搜集的范围和质量具有局限性。

网络是一个巨大的信息源，各种信息非常全面，消费者完全可以利用网络特有的信息优势获取相关的购买信息。第一，消费者可以根据已经了解的信息，通过互联网快速有效地找到自己所需要的产品；第二，消费者在浏览网页时，可以获得大量产品的周边信息（如产品销量、顾客对产品的评价等）；第三，网络消费者可以不断地在网上浏览，寻找新的购买机会。

网络信息空间的认知和任务活动具体可以包括浏览（Browsing）、搜索（Exploring）和寻找（Searching）三种方式。在信息空间的活动中，这三种任务不是孤立进行的，而是交叉互动的，网络消费者的任务或意图会在他的信息活动过程中逐渐变化而渐趋明晰。

- 消费者对网上信息有更大的主动性和控制能力

在传统购买模式下，许多消费者都是通过电视广告、商场促销活动和亲朋好友的传播来获得信息。消费者的信息收集大多处于被动状态。

在线购物中，消费者可以根据自身的需求主动地搜集想要获得的信息，具备筛选信息的机会和能力（如只查看顾客的负面评价），具备屏蔽无关信息的能力（如不点击页面弹出的广告）。

- 消费者在线信息搜索更加便捷、成本更低

相比于传统购物情境，网络购物者足不出户，只在电脑上浏览操作便可以搜索到需要的信息，这一点对很多上班族和无时间购物的顾客带来了极大的便利。由于消费者网络搜寻信息的方便性和低成本，消费者的信息搜集行为可能发生在在线购买的任何阶段。

考虑到信息的可靠性和可获得性，消费者网络购买中对外部信息搜集的对象更多来自于产品展示、网络顾客评论和产品销量数据。

（三）比较选择

消费者需求的满足需要具备一些条件，如实际购买能力的大小、偏好和特殊要求。在线消费者为了使需求与产品相匹配，他们必须对各条渠道汇集而来的信息进行比较、分析、研究，了解各种产品的性能和特点，以便从中选择最满意的。特别是在线购物中消费者无法直接接触实物，慎重的评估更为重要。

传统消费模式下，消费者可以通过产品试用、媒体广告和朋友推荐来比较产品，需要花费大量的成本去多个店铺和商场才能实现。在线消费者进行信息的评估比较过程中，网络仍发挥着它独特的优势。首先，网络扩大了评估比较

的对象范围，网络的跨地域性特征使消费者的评估比较对象很容易地扩展到全世界任何一个国家、地区；其次，网络为消费者比较备选产品提供了一些工具（如"汽车之家"网站的"口碑排行"、"车主价格"、"热门车型对比"），有利于深层次、全面地评估比较或者进行智能化地历时比较，即随时通过网络自动更新评估比较的结果，有利于消费者优化整个网络购买过程；最后，这些工具方便了消费者的比较过程，减少了评估比较的工作量。网络可以在消费者搜索到各种相关产品的资料后，帮助其筛选和排列评价标准，供其参考比较。如网络消费者可以通过"拉拉手"比较购物网轻松选择，明智购物，这极大地缩短了其评估比较的时间，他们甚至还可以利用"购物搜索引擎"。总之，网络使评估比较的广度、深度和速度都得到了不同程度的提高。

在线购物中，消费者的选择虽然增多了，但不直接接触实物的缺点还是会阻碍消费者建立信任。消费者对网上商品的比较依赖于商家对商品的描述，包括文字描述和图片描述。在线零售商若对产品描述不充分，就无法吸引众多的顾客；而若对产品描述过分夸张，甚至带有虚假的成分，顾客购后不满意则可能永远失去顾客。因此，在线商家在进行商品信息展示时一定要如实描述，正确解答消费者的问题。在比较选择过程中，价格、产品销量和网络顾客评价成为消费者比较选择的重要依据。

（四）购买决策

在完成了对商品的比较选择之后，消费者便进入到购买决策阶段。当然，消费者也可能放弃做出购买决策，诸如为了未来购买而进行的比较选择或者发现没有理想产品而放弃购买。网络购买决策是指网络消费者在购买动机的支配下，从两件或两件以上的商品中选择一件满意商品的过程（崔小杰，2010）。购买决策是网络消费者购买活动中最主要的组成部分，基本上反映了网络消费者的购买行为。

在传统购买情境中，购买决策容易受商家营造的购物氛围、促销环境和其他消费者的购买行为而产生从众冲动。与传统的购买方式相比，网络购买决策有许多独特的特点：

首先，网络购买者的理智动机可能占比较大，情感动机的比重相对较小。这是因为消费者在网上寻找商品的过程本身就是一个思考的过程。一般而言，消费者有足够的时间、机会，仔细分析、比较备选商品的性能、质量、价格和外观，从容地做出购买决策。当然，由于在线商品极为丰富，以及商品展示的推陈出新，在线消费者也会受到网络环境（如网站特征）和商品的刺激而产生积极、唤醒情绪等体验，进而产生即时性的冲动购买欲望。

其次，在线购买受外界的影响较小。在线购买者通常单独在网上浏览、比较、选择，与外界接触较少，因而决策范围有一定的局限性，大部分的购买决策是自己做出的或是与家人商量后做出的。正是因为这一点，网上购物的决策较之传统线下购买决策，所需时间更短。

（五）下订单

在传统购物中，消费者只要做出了选择，就会去收银台付款。与传统购物相比，下订单与授权支付是网络购买过程所独有的阶段。在网络购物情境中，网络消费者在完成了对商品的比较选择之后，需要进入下订单阶段。下订单的过程也是消费者将选定商品放入购物篮/车，并提交订单的过程。

在这一阶段，消费者需确认购买商品及与商家达成交易协议。不过，消费者在支付前的下订单阶段并不具有完全担保作用，即消费者可随时取消订单，中断交易。首先，消费者在下订单的过程中需要填写邮寄地址及联系方式，以便商家进行定向配送。有些情况下，消费者可以选择配送方式（配送方式不同，消费者承担的物流配送费用可能不同），确定是否缴纳运险费、是否开具发票、是否使用积分和优惠券抵减等。其次，填写"买家留言"（消费者就有关事项和要求给商家留言）；最后，消费者向商家进行订单确认，将自己的货物清单进行提交，等待线上支付。

（六）授权支付

传统购物是"一手交钱一手交货"，即消费者在收银台付现或刷卡后即可获得所购商品。

从消费者的角度来说，网络购物主要有两种支付方式：一种是传统支付方式——"网上交易、网下支付"，即消费者在下单后并没有支付货款，待接收并验明货物后再付款给快递公司、银行（刷卡消费）等，而后者与在线零售商再进行结算；另一种是在线电子支付（如微信支付、支付宝支付、信用卡支付等）。因为网络的虚拟性和不安全性等风险因素的存在，消费者和商家无法完全信任对方，很多情况下无法如传统支付方式一样一手交钱一手交货，消费者和商家都需要有第三方来做中介，保证交易的安全和有效进行。因此，网络购物也衍生出许多诸如支付宝等第三方支付平台。这既是网络购物的需要，也是新消费模式的逐渐完善。具体而言，消费者下单后选择支付方式（微信、支付宝、信用卡等）付款，此时消费者将货款（包括商品款项、运费、保险费等）暂存于第三方企业；待消费者验收商品并确认后，第三方企业再与网络零售商结算。

在线消费者可以选择多种付款途径。这一方面取决于在线零售商提供的付款途径选择，另一方面取决于消费者自身所拥有的付款途径类型。消费者匹配二者，选择适宜的付款渠道。一般而言，需要消费者事先或者在付款时将个人在购物网站的账号与付款方式绑定，消费者的付款才能顺利完成。

在线消费者的订单总价可能与商品价格有差异，这与是否有赠券、积分折扣等抵减、是否需要承担运费和保险费、是否购买售后服务等有关。

（七）接收产品与售后服务

一般而言，传统 B2C 购物模式下，消费者与商家一手交钱一手交货，基本不需要物流这一中间环节，这也是其与在线购物一个比较大的区别。在线购物时，消费者在支付了货款后无法立刻获得产品，这中间往往要经历确认订单并下达指令、准备货物、包装货物、邮寄等过程，产品才能到达买者手中。网络购物的兴起带来了物流快递业的崛起。物流作为产品流通环节的输送阶段，它的重要程度不亚于产品的生产及销售。一方面，物流业的兴起是网络购物发展的需要；另一方面，物流也是对网络购物整体环节的完善。

在线零售商一般会提供商品物流信息服务，包括通过信息推送等形式告知消费者商品物流情况，消费者也可以通过账号查询商品物流状况，这在一定程度上缓解了消费者急于得到商品的焦虑和感知风险。物流快递企业一般提供上门送货服务或将商品存放在便利店或智能快递柜中。部分物流快递企业可能存在遗失、损毁、错投、替换包裹内部商品，以及无法按时送达等服务质量问题，这些问题也将影响消费者的购买意愿和满意度。

理论上，网络售后服务应该相对于传统的售后服务来说更加方便、快捷，因为消费者一旦发现问题可以及时联系商家进行售后服务处理，商家也可以快速通过网络反馈；另外，在进行退换商品时，消费者也可以不必自己花费时间、精力去实体店退换，在网上按照规定程序操作即可实现。现实而言，在线购物的售后服务过程（仅就退货而言）颇为复杂。首先，消费者需先在网上进行售后服务申请，然后等待卖家回复；回复确认后，消费者需要回寄商品，店家收到确认无损坏后才能同意退货，消费者的退货款才能返回原定付款渠道。等待时间较长，且容易出现货物丢失、损毁等意外情况，相比于传统的售后服务，网络售后服务更加需要保障。

（八）购后评价与反馈

传统购物情形下，消费者一般不做正式的购后评价或仅将使用的情况反馈给亲朋好友；在出现较大质量问题时，会投诉商家或相关机构。

在线购物环境的最大特征就是开放性，网络为消费者发表购物评价提供了空间和途径；同时，在线购物环境为消费者群体和社区的形成提供了便利，有责任感的消费者愿意分享自身真实的购买体验；考虑到网评对于其他顾客选择的重要价值，在线零售商也鼓励顾客给出积极的购后评价。

网络环境下，消费者购买商品后，会通过实际使用来评估商品是否满足自己的预期需要，并对自己的购买选择进行检查和反省，以判断这种购买决策的准确性。消费者的满意程度取决于消费者的需要满足程度，即通过产品预期性能与产品使用中的实际性能之间的对比后感知。如果消费者感到满意，对产品的质量和服务作出积极评价；若消费者购后产生不满意感，消费者可能联系商家，在问题得不到解决后给予消极评价（也有可能不联系零售商直接给出消极评价）；若问题得到及时、有效解决，也有可能作出积极评价。无论如何，在线消费者都会对商品/服务做出评价，只是不一定反馈给在线商家。消费者是否公开反馈购后评价，这与消费者的满意度水平、消费者个性特征和零售商提供的刺激有关。

购后评价不同，对日后消费决策及对其他顾客决策的影响也不同。购后评价对商家来说是一把"双刃剑"。好评/积极评价对商家起到促进的作用，有助于吸引更多的在线购买者前来网购。为了让顾客给予好评，很多商家给予一定的货币刺激，这种手段对部分满意度高或中等的消费者有一定的刺激作用，但容易引起低满意度消费者的反感（反而给予更消极的评价），商家需要谨慎采用。差评/消极评价会阻止其他消费者在该网店购物，这不仅是对商家的一种约束，同时也是消费者了解在线零售商真实情况的重要途径。在线商家需要及时关注消费者的反馈并及时回复，及时、妥善解决消费者的问题才能扭转消费者的消极评价。

第2章

消费者在线冲动性购买行为

一、在线冲动性购买现状

(一) 传统实体店情境下的冲动性购买现状

随着社会经济的发展,消费者的购买力逐渐增强,其消费观念也正在发生巨大转变。越来越多的消费者购买商品不仅只是为了满足物质与生活需求,而是逐渐倾向于为满足娱乐性需求或心理满足的感性需求。这种感性消费需求可以理解为购买和消费某商品时具有一定的冲动性,是冲动性购买行为的根源之一。

冲动性购买行为不存在国际差异,在世界范围内的每一个国家,冲动性购买都是一种非常普遍的购买现象,并且在某些地域占据了产品销量相当大的部分,甚至在特定产品的销量中可达80%以上(Abrahams, 1997)。伊耶(Iyer, 1989)研究认为,几乎所有的消费者都经历过至少一次非计划购买,即冲动性购买,而且新产品的购买往往更多也是由冲动性购买产生的。尼克尔斯、李和罗斯陆(Nichols、Li & Roslow, 2001)发现,大部分人(几乎是90%)在生活中都会发生偶尔冲动性购买行为,在商场购物的消费者,超过50%的人发生过冲动性购买行为。美国国际棉花协会公布的"2004全球时尚监测调查"的结果显示,我国消费者属于冲动性购物消费群,53%的消费者在购买服装时很少有计划,在被调查的国家和地区中排行第三,仅次于德国和英国。调查显示,在超市的保健品和美容用品的购买决策中,我国消费者有61%是非计划性购买;百货商场39%的顾客,折扣店62%的顾客每次会冲动购买至少一件商品(王建国和姚德利, 2011)。

通过以往学者的研究成果和权威机构的调查报告中的数据不难发现，冲动性购买在我们的日常生活中早已普遍存在，并植根深入于消费者的购买、消费行为之中。

(二) 在线冲动性购买现状

近年来互联网发展迅猛，已经成为人们生活中不可或缺的工具，人们不但使用互联网检索、搜寻信息，而且可以通过互联网购买商品和服务。这种新型的购物渠道以其使用方便、搜索迅速、范围广泛的特点受到越来越多消费者的喜爱。使用互联网购物的增长率超越所有其他渠道，俨然已经变成最重要的购物渠道之一（Brohan，2007）。《第39次中国互联网络发展状况统计报告》显示，截至2016年12月，我国网络购物用户规模达4.67亿人，占网民比例为63.8%，较2015年底增长12.9%。网民使用网络购物的比例提升至63.4%，如图2－1所示。

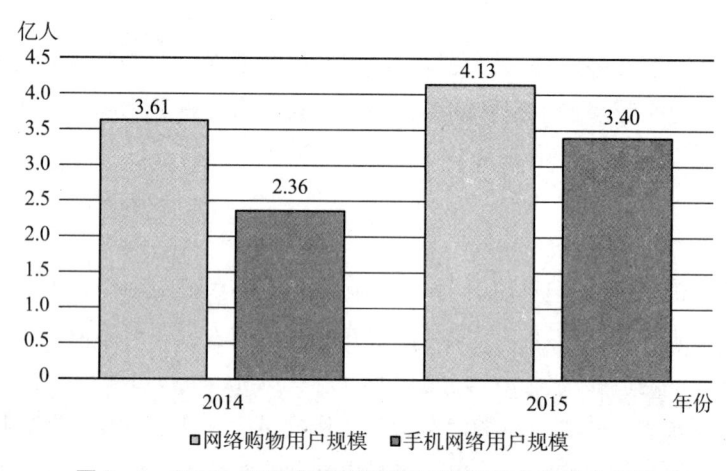

图2－1　2014~2015年网络购物/手机网络购物用户规模

网络购物的方便性、24小时的可用性，以及团购模式的出现大大促进了网络零售业的发展，也不可避免地增加了网络冲动性购买行为。事实上，网络购物环境中存在着大量冲动性购买行为（Adelaar，2003；Free Ride Media，1998）。网络环境下的冲动性购买非常普遍（Greenfield，1999；Li、Kuo & Russell，2000）。莫和罗伯特（Moe & Robert，1998）的研究表明，34%的网络购物是通过冲动性购买实现的，83%的网络消费者有过冲动性购买的经历。马达瓦拉姆和拉维恩（Madhavaram & Laverie，2004）的问卷调查表明，22%

的被访问者在网上发生过冲动性购买。GSI Commerce（2008）调查显示，美国网络零售额的50%以上来自冲动性购买。在特定人群研究上，大学生人均在网络上冲动购买服饰、音乐和书籍的费用更是占据其总花费的12%（Pastore，2000）。我国消费者网络冲动性购买十分普遍。如李璐、苏林和郭利川（2012）针对152位团购网站消费者的问卷调查显示，有85人产生了冲动性购买。据CNNIC测算，2015年"双十一"消费者购买的商品中，临时决定购买的比例占51.3%左右，在购买产品的花费中，计划性消费只占39.9%，非计划的新增消费为淘宝天猫创造了至少200多亿元的交易额。

网络购物者比非网络购物者更容易具有冲动性购物倾向（Mathur et al.，1997）。网络购物者比非网络购物者更具冲动购物倾向，冲动性消费者占电子商务消费者的25%~50%（Donthu & Garcia，1999）。

由以上研究及调查数据结果可知，网络冲动性购买已成为消费者购买行为中一项频率非常高的购买行为，网络商家也应该抓住这一现象来展开营销。但是，许多开展网络零售的企业对如何有效激发消费者冲动性购买知之甚少。事实上，越来越多的企业已经开始采用互联网作为其产品销售渠道，并且寻求各种手段和措施来激发网站浏览者产生购买冲动。对于开展网络零售的企业而言，各种营销手段都需要通过网页界面来实现，而通常的做法是学习和模仿一些其他网站的成功经验来进行设计，结果发现业界的做法也各不相同，甚至经常矛盾。因此，本篇将首先回顾网络冲动性购买领域的研究现状并解析其概念的关键特征，同时归纳可能影响网络冲动性购买行为的个人因素、网站因素、产品因素，为后续冲动性购买研究提供参考，同时为网络零售商制定营销策略提供依据。

二、在线冲动性购买行为研究现状

自杜邦机构在20世纪四五十年代涉足冲动性购买研究开始，学者们对冲动性购买行为的研究已超过半个多世纪，研究取得了丰硕的成果。近年来，由于消费者购物模式的转变和其消费文化的变化，使基于传统实体店背景下的消费者冲动性购买研究理论无法满足基于互联网的网络购物模式的营销需求。事实上，以往大部分研究都是基于传统商业环境下的，网络环境毕竟与传统购物场所在购物环境和购物体验等许多方面存在差别，因此，许多学者号召后续研究关注网络购物环境（Arnould et al.，2002；Burton，2002；Koufaris et al.，2002）。

虽然人们对网络消费行为的研究兴趣逐渐增加，但奇怪的是，人们对网络冲动性购买行为方面的研究却相对较少。国内外学者对网络购物环境中冲动性购买的研究，尤其是实证研究才刚刚开始。近几年随着网络购物的普及和冲动性购买的频繁发生，网络冲动性购买才逐渐成为学者关注的焦点之一。

根据我们在 EBSCO、EMERALD、ELSEWIRE、SPRINGER、BLACKWELL、PROQUEST 等电子数据库搜索的结果发现，迄今为止，国外学术期刊共刊登了几十篇有关网络（电子商务/网络）冲动性购买的学术论文，主要发表在 Journal of Information Technology、Electronic Commerce Research、Journal of Fashion Marketing & Management 等有关信息技术类的期刊及国际会议上。这些论文的发表时间基本上都在 2000 年之后，也就是说仅仅有 10 多年的研究历史。在网络冲动性购买领域，主要的国外学者有 Koufaris、Adelaar、Dutta、Jarvenpaa、Tomak、Zhang、Prybutok、Koh 等。

通过对中国学术期刊网的检索发现，目前该领域的研究成果数量比较少且发表时间均在 2008 年之后。总体上，国内有关网络冲动性购买的研究才刚刚开始，研究范围还比较狭窄，主要集中在网站特征、网站形象与质量、个人特征等前置因素对网络冲动性购买的影响上或网络冲动性购买行为的形成机理模型上；所借鉴的理论大体上与国外相同，并且尚未形成完整的理论体系。下面按照所采纳的理论进行评述。

（一）基于认知理论的研究

早期有关网络冲动性购买的研究大部分基于社会认知理论。认知理论主要是从消费者认知的个体因素和社会环境因素两个角度来探讨冲动性购买行为的发生。

从个体因素来说，基于认知理论的冲动性购买行为主要受其个人情感和态度的影响。有少部分研究结果认为，个人因素与网络冲动性购买不相关。苊法瑞斯（Koufaris, 2001）在探讨个体因素和网络商店环境因素对消费者态度和行为的影响时发现，任何与无计划购买相关的假设均无法得到支持。其后续研究提出了一个网络消费者行为的理论框架，因变量之一就是非计划购买，但该研究同样发现产品涉入度、上网技能、增值性搜索机制和挑战刺激对于非计划购买没有影响。而大部分研究结果认为，个人因素对网络冲动性购买有相关作用，且具有正向影响。如陈（Chen, 2008）的对比研究发现，个体冲动性购买的倾向性、卷入程度与网络冲动性购买的计算机外围设备正相关；宁连举、张欣欣（2011）构建了网络团购消费者冲动性购买意愿影响因素模型，表明消费者的个性特征与网络团购消费者的冲动性购买意愿正相关；徐信诚和王素芬（2011）证实了消费者的感知质量与感知价值通过影响购物网站的满意度来影响顾客的冲动性购买行为。

基于认知理论的冲动性购买行为主要考察社会认知因素的影响。如杰佛里和霍奇（Jeffrey & Hodge，2007）以网络交易网站的访问者为对象，发现消费支出数量对购买冲动性产品的影响很小，但当消费者将花费中的部分捐给慈善机构时会更愿意购买冲动性产品。帕克（Park，2011）等专门针对服饰类产品网站进行问卷调查，发现多样化选择的网站呈现的产品感官属性对网络冲动性购买有直接作用；同时，产品多样化选择的网站属性对实用性浏览有正向作用，实用性浏览对冲动性购买有负向作用，享乐性的浏览对冲动性购买有正向作用。网络评论内容的正面性、数量、形式、时间均正向影响网络消费者的冲动性购买意愿（覃伍，2009）。陈旭和周梅华（2010）基于定性分析，构建了网上冲动性购物的机理模型，发现影响网上冲动性购物的两大因素——刺激因素和个体特质并非直接影响消费者的网上冲动性购物；而是需要经过评估机制，感知商品是否满足其瞬时效用极大化。

（二）基于信息学的研究

近几年，也有少数学者利用信息学相关理论（如技术接受模型）来研究网络冲动性购买。总体上来说，信息学相关理论的解释能力有限。

张、普瑞布图克和科赫（Zhang、Prybutok & Koh，2007）将技术接受模型（TAM）扩展模型应用到网络营销环境中，识别和检验了影响网络环境下消费者购买冲动的因素，其研究显示 TAM 扩展模型可以解释消费者的网络购物行为，但直接效应比较小，修正后的 TAM 的适用性仍存在疑问。博诺（Bono，2012）发现网站美学特征（网站颜色、网站影像、格式等）直接影响感知有用和感知易用，而感知有用和感知易用会直接影响购买意图和实际购买行为。

基于信息学理论的网络相关因素可以从网站特征、搜寻功能、配送服务及评论等方面来影响消费者的冲动性购买行为。周鹤（2011）以网站信息服务（商品推荐和客户评价）作为刺激因素，发现信息服务会影响消费者的购买情感（愉悦、激励和信任），进而引发冲动性购买意图。弗洛和麦德伯格（Floh & Madlberger，2013）研究证实了网站线索（内容、导航和设计）会直接影响感知愉悦，而购买冲动和浏览是感知愉悦影响冲动性购买行为的中间变量。

（三）基于刺激—机体—反应模型（情感视角）的研究

认知视角研究的理论基础大都是态度意向行为模型，认为网络冲动性购买受认知驱动。事实上，冲动性购买的本质是非计划性的，受情感驱动的，并且不可能以单一的传统态度意愿行为模型来解释。之后，大部分学者借鉴环境心理学的刺激—机体—反应模型（Stimulus – Organism – Response，简称 S – O – R 模型）开展研究。

国外对于 S – O – R 模型的冲动性购买的早期研究是由梅拉比安和拉塞尔（Mehrabian & Russell，1974）提出，基于 S – O – R 模型建立了 M – R 模型，此模型后来被广泛用来探讨实体环境、情绪和顾客行为意图之间的关系。随后，多诺万和罗西特（Donovan & Rossiter，1982）率先将 M – R 模型应用于零售环境中，发展出适用于零售领域与环境心理学的理论框架，并且验证了情绪在商店环境与消费者的店内行为之间具有重要的中介作用。厄罗古鲁等（Eroglu et al.，2001）较早将环境心理学引入到网络商店的研究中，认为网络商店同样可以通过建立网络商店环境来吸引和影响网络消费者，只是网络商店的环境浓缩为一个电脑的屏幕，只能提供视觉信息，不能提供触觉和嗅觉方面的讯息。拉维恩（Laverie，2004）的探索性研究表明，作为对刺激的反应，网站氛围线索可能会影响冲动性购买行为。道森和金姆（Dawson & Kim，2010）利用焦点小组访谈法，将激发在线珠宝网站的冲动性购买的因素归为特价（sales）、促销、创新性做法（ideas）和建议四类，并证实这些因素能够有效激发珠宝的冲动性购买。

国内研究更多的是综合探讨网上冲动性购物机理模型。王庆森（2008）建立了基于网站特性与消费者个体特征的网络冲动性购买模型，发现网站特性（知识性、互动性）与消费者个体特征（冲动购买倾向、购物享乐）通过影响浏览和情绪进而影响网络冲动性购买欲望。赵宇娜（2010）基于 S – O – R 模型，证实了网站环境特征（知识性、经济性、互动性和视觉性）通过引发网络消费者的情绪反应，促使消费者产生购买冲动，进而发生冲动购买行为。在具体的网站环境方面，陈滟（2008）发现网络商店的形象特征（网站技术因素、商品因素、购物便利性与安全性及隐私性）与情感状态部分显著相关，而情感状态对冲动性购买意图有显著影响；谢远艺（2012）提出网站互动性能引起消费者冲动性购买的理论框架，网站互动性作为一种环境刺激，通过影响消费者的情绪，进而激发消费者的购买冲动而产生冲动性购买。

（四）多视角整合研究

采用单一理论、模型或视角研究网络冲动性购买存在局限，无法有效地解释冲动性购买现象。将多个理论、模型、视角结合起来进行研究是最近出现的一个新趋势，值得关注。

1. 将认知-情绪理论和 S-O-R 模型（情感视角）结合

认知-情绪理论和 S-O-R 模型的结合，主要是将个人的认知、情感与网络环境的刺激影响结合，来研究其对消费者冲动性购买行为的影响作用。

国外学者在认知-情绪理论或 S-O-R 模型上取得了很多研究成果。帕波提等（Parboteeah et al., 2008）基于 S-O-R 模型，通过两个实验证实了任务线索（如商品描述、网站导航和信任标记）和心情线索（即利用网站的字体、颜色和图片等增加网站整体的视觉美感）能刺激消费者的情感和认知反应，继而显著提升消费者的冲动性购买欲望。道森和金姆（Dawson & Kim, 2009）证实冲动购买倾向性、个人情感状态、规范性评估与网络冲动性购买行为正相关，而个人认知状态与其负相关。菲尔哈根和多连（Verhagen & Dolen, 2011）基于认知-情绪理论，证实功能性便利（商品吸引力和网站易于使用）和具象愉悦这两个认知因素会影响情感因素，积极情感又影响浏览进而产生冲动性购买驱力和冲动性购买行为。

国内学者通过认知-情绪理论等相关理论，在研究上也取得了丰硕的成果。章璇（2012）利用认知-情感理论，通过实验室实验和网络模拟购买实验，探讨了产品类别与配送时间这两个根据不同时间、距离分段的变量，影响网络冲动性购买行为的心理反应机制。于亚莹和戴建华（2014）构建了简单的网络消费者冲动购买行为影响因素模型，发现冲动性特质、自我控制能力及享乐主义价值观显著影响网络消费者的冲动性购买行为。王寒和杜夏阳（2015）探讨闪购模式下消费者冲动性购买的内在心理机制，发现不同个性特征（冲动性特质、自我控制水平）的消费者在不同营销刺激下的冲动性购买意愿差异显著。尚旭彤（2016）以冲动性购买行为的形成过程为主线，并整合了各环节的主要影响因素，利用心流体验这个中介变量探讨了外部刺激如何影响消费者的冲动购买欲望，而消费者的冲动特质和享乐主义也会影响心流体验。

2. 将 S-O-R 模型和 TAM 整合

S-O-R 模型与 TAM 结合主要体现在网站环境刺激/特征、体验二者，结合 TAM 来探讨其对消费者冲动性购买的影响。

在网站功能性及 TAM 作为理论基础方面，张等（Zhang et al., 2007）拓展了 TAM 模型并实证研究了消费者主观规范、性别、消费者冲动性、消费者购买意愿与实际冲动性购买之间的机制过程，以及对消费者冲动性购买产生的影响。帕波提等（Parboteeah et al., 2008）基于 S-O-R 模型引入感知有用性和感知享乐性的研究发现，任务线索（包括商品描述、网站导航、信任标记等促进达到购物目的的网站要素）和情绪线索（包括网站图文展示的使消费者购物心情愉快的视觉美感等网站要素）能够刺激消费者认知和情感反应，从而激发浏览者的购买欲望。默兹（Moez, 2013）对网站在冲动性购物中所起的作用进行研究，发现网站的三个属性/特征（视觉外观、网站导航、个性化定制）是影响消费者感知网站质量的重要因素，感知网站质量进一步影响感知愉悦和承诺，从而引发冲动性购买行为。刘、李和胡（Liu, Li & Hu, 2013）以 S-O-R 模型为基础，结合了信息系统理论，证实网站线索（产品可获得性、网站易于使用和视觉吸引力）影响了机体（即刻满足、规范性评估），而冲动特质和机体影响了冲动性购买。

以 S-O-R 模型、体验及 TAM 作为理论基础，沈（Shen, 2012）结合 S-O-R 模型，探讨了交互性和生动性这两个网站设计特征对总体虚拟体验（临场感）的影响，后者通过情绪这个中介因素影响网络冲动性购买。沈和哈里发（Shen & Khalifa, 2012）整合了双系统（反射、冲动）模型与 S-O-R 模型，利用实验方法，证实了虚拟社会体验（远程呈现和社会呈现）对冲动性购买的影响大于传统营销/产品的刺激，且虚拟社会体验可以通过利用交互和生动的网站特征创造出来。

（五）小结

通过对现有文献的回顾与分析，可以发现部分学者的研究客观、深入，但现有研究还存在一些不足之处：

- 基于认知理论的解释力度有限，把非计划性购买简单等同于冲动性购买是早期研究的一大缺陷。
- 从环境心理学视角开展的研究取得了一定成果，尤其是探讨网站环境（设计、特征和质量）对冲动性购买的影响过程方面。但已有研究只关注个别网站设计要素（如页面媒体版式、支付方式等），或从更抽象的网站特征入手。尽管这些努力让我们对网络冲动性购买有了一定的认识，但与传统领域研究相比，网络冲动性购买研究还缺少一个整体框架来系统性描述刺激要素（王全胜和韩顺平，2009），还缺乏对某些关键影响因素和过程变量的关注，尤其是对于其内在形成机制的理解并不透彻。

- 网络购物行为的研究更多关注消费者接受互联网技术的影响因素（认知视角）和将购物行为视作一个价格比较、信息搜寻的理性过程。实质上，网络消费行为也可能是享乐性和体验性的（Novak et al.，2003），而冲动性购买却是一种受到情感驱动的行为。因此，为了进一步深入地理解网络冲动性购买行为，应该结合多种范式，整合多种理论，才能全面地解释这一复杂现象。
- 随着网络技术、支付手段和物流配送等的迅速发展，以及网民结构的变化，影响消费者网上冲动性购买的因素也在发生变化，而对区别于传统购物情境下的网络购物新因素的关注力度还不够。

三、消费者冲动性购买行为的定义、类型

（一）冲动性购买行为的定义

1. 实体店背景下的冲动性购买行为的定义

尽管冲动性购买领域的研究历史比较悠久（70多年），但是学者们就其定义依然没有达成一个统一的认识。主要原因在于学者们基于不同的研究背景和研究目的，对于冲动性购买的定义也存在着很多不同的表述。随着研究广度与深度的发展，其定义也越来越科学合理，有关定义的研究大致经历了三个阶段：

（1）非计划性购买研究阶段（20世纪40年代~60年代中期）。

杜邦消费者购买习惯研究（1945~1965）于20世纪40年代最先涉足冲动性购买行为的研究，并将冲动性购买定义为"非计划性购买"，即消费者进入购物环境前并没有购买某种商品的打算但实际却购买了该商品。随后的学者（Clover等，1950；West et al.，1951；Katona & Muller，1955）都是基于这一定义而展开的研究。如戴维森和杜迪（Davidson & Doody，1966）将冲动性购买定义为一种非计划的，一时冲动的购买某种产品的决策。

后来，一些研究的重点转为购买决策发生的地点，即消费者进入商店之前是否认识到问题而做出购买决策（Cobb & Hoyer，1986；Engel & Blachwell，1982）。这种方法将冲动性购买定义为进入商店之前没有认识到问题或没有形

成购买意图的情况下发生的购买行为（Engel & Blackwell，1982）。斯特恩（Stern，1962）拓展了这一概念，认为冲动性购买是由外界刺激所诱发的非计划性购买。

内斯比特（Nesbitt，1959）率先提出冲动性购买并不等同于非计划性购买的观点，其认为冲动性购买行为是一种理智性的购买行为，因为消费者直到进入商店后才做出最后的购买决定。事实上，冲动性购买并不完全等同于非计划性购买。若消费者的非计划性购买是基于深思熟路基础上进行的选择，那么这种非计划性购买行为则不能称为冲动性购买，即不在计划之内的购买行为并非一定都是冲动性购买行为。理论上，非计划性购买是指消费者进入商店前并未对购买过程做任何计划，进入商店后才决定购买某些商品的行为。

后来，学者们强调"非计划性/没有购买意图"成分是定义冲动性购买的要素之一，但并不再将冲动性购买等同于非计划性购买。在当时的研究环境下，该定义在很大程度上概括了冲动性购买的外在表现，是对冲动性购买研究的一个重大突破。

（2）商品研究阶段（20世纪60年代中后期~70年代）。

从20世纪60年代中后期开始，贝林格（Bellenger）等学者对冲动性购买进行了一些实证研究，主要集中在不同产品类别引起消费者冲动性购买的难易程度之上，并把那些容易引发消费者冲动性购买的产品类别等同于冲动性购买。如滔尼和善森（D'Atoni & Shenson，1973）认为：如果一种商品相对于其他商品所需要的决策时间明显较短，这种商品则是较容易被冲动购买的商品，它们具有一些诸如价低、自我服务、尺寸小、易于储存等特点。

以往研究证实了消费者在购买不同品类产品时的冲动程度确实存在较大差异，但依此采用产品品类来定义冲动性购买过于片面，因为冲动性购买还受到消费者的人格特征、收入、购买时间与地点、文化等多方面因素的影响。如不同消费者在同一类商品上发生的冲动性购买可能有差异。

（3）消费者行为学研究阶段（20世纪80年代初至今）。

20世纪80年代初，学者们开始从消费者行为学研究视角来研究冲动性购买行为，即基于冲动性购买行为的特征来对其定义。

鲁克和霍克（Rook & Hock，1985）从消费者心理学视角出发，提出冲动性购买行为的本质是积极的认知和强烈的情感反应。皮龙（Piron，1991）认为，冲动性购买具有非计划性、商场刺激、当场决定、情感反应和认知反应等特征。鲁克等（Rook et al.，1995）认为，冲动性购买具有欠缺思考、无计划性和立刻购买等特征。阎巧丽（2008）认为，冲动性购买应当涵盖四个层面：消费者所处环境等外界因素对消费者有足够大的刺激和影响；消费者被激发了情感反应；由于难以抑制情感反应，消费者产生了强烈的购买欲望；在强烈的渴望拥有的情绪下，消费者的认知度和理智被弱化和降低。

在具体定义上，消费者在冲动性消费过程中伴随着强烈的情感波动，当受到的外界刺激和非理性评估占据主导地位时，自发产生的购物行为即为冲动性购买（Weinberg & Gottwald，1982）。鲁克（Rook，1987）认为消费者经历一种瞬间的强烈购买需求的同时，会伴随着一种自我控制的意念，当购物欲望超越自我控制的意念时，冲动性购买行为得以产生。冲动性购买是一种事先无计划的、瞬时产生购买诉求的、无目的的购买行为（Gardner et al.，1988）。伊耶（Iyer，1989）认为，冲动性购买行为是一种无事先计划的且强烈想要产生购买行为的欲望。阿伯如艾特（Abratt，1989）认为，冲动性购买是消费者突然产生的一种强烈的、持续的、不计后果的购物诉求。冲动性购买发生在人们体验到一个突现的强烈刺激却又无法拒绝时，认为所购买的商品可以在某些时候（但并非立即）用到，而愿意迎合这种驱动力（Solomon，2004）。森古普塔和周（Sengupta & Zhou，2007）认为，冲动性购买是经历一种突然的冲动、基于享乐主义而采取的没有仔细考虑后果的购买行动。在国内，李秀荣和梁承磊（2004）将冲动性购买的定义归纳为：消费者在特定环境所激发的动机和强烈情感的作用下放弃自我控制，所实施的未经深思熟虑、不计后果且无前期计划的购买行为。冲动性购买行为是在外部足够大的刺激下，消费者的欲求被激发，从而产生强烈的情感反应，由一种瞬间产生的强烈购买渴望所驱动而采取的计划之外的购买行为（张迪，2010）。

目前，虽然众多学者对冲动性购买行为概念的表述有所差异，但学者们均注重消费者在冲动性购买过程中所经历的认知、情感和行为反应。学者们倾向于认为：冲动性购买是一种突然发生的、难以抵制的和带有享乐性的复杂购买过程；在该购买过程中，购买决策制定迅速，没有经过细致、深入地考虑相关信息与其他可供选择项；消费者购买冲动的形成和实现之间的时间间隔极短。冲动性购买是消费者对外界刺激所产生的非计划性的、立即的购买行为，它的发生意味着消费者在经历外界刺激后对于某种特定产品的购买意愿发生变化。总体上看，冲动性购买行为具有以下五大显著特征：

- 少有计划或者无计划。
- 受外界刺激产生突然且自发的购买欲望。

- 缺少认知,但伴有强烈的情绪体验。
- 快速地、在购物现场做出购买决策。
- 对后果考虑不足。

2. 在线冲动性购买行为的定义

考虑到人机交互的计算机界面是网络购买交易双方及商品接触的唯一媒介,因此,网络冲动性购买领域的学者大多同意刺激因素在定义中的重要位置。

冲动性购买的定义应该包括四个组成部分:一是非计划的;二是冲动性购买是消费者暴露于刺激物下的结果;三是现场做出决策;四是冲动性购买过程中消费者同时有情感和认知的反应(Jeffrey & Hodge, 2007),他们认为这四点能较好地反映线上与线下的冲动性购买界定。帕波提等(Parboteeah et al., 2009)基于鲁克(Rook, 1987)、贝蒂和费雷(Beatty & Ferrell, 1998)对冲动性购买行为的定义,提出网络冲动性购买:这种网络用户与网站互动的反应行为具有两方面特点:一是网络购买者暴露于网络刺激下后体验到的突然的、即时的要购买刺激物的欲望或冲动;二是被诱发冲动的消费者发生了网络购买行为,并不是所有的冲动都会被实施,但是消费者体验到冲动后产生冲动性购买的可能性大大增加了。

现有学者均强调网站刺激作为外部刺激因素对网络冲动性购买行为产生的作用,但是也都认同冲动性购买行为的界定并不完善,因此,网络冲动性购买行为的定义也就更难界定了。

结合实体店背景下的冲动性购买的定义,我们认为:消费者在登录网店之前没有预想购买特定产品类别或完成某个特定购买任务,由于受到网站提供的刺激而产生了一定的情感反应,在没有经过认真思考的情况下产生的突然的、立即决定的购买行为,即为网络冲动性购买行为。

(二) 冲动性购买行为的分类

考虑到实体店背景下的冲动性购买行为与网络冲动性购买行为的类型没有差异,本书不再对二者的分类进行区分。在众多对冲动性购买进行分类的学者中,斯特恩(Stern, 1962)、贝利和南卡罗(Bayley & Nancarrow, 1998)及伍德(Wood, 1998)对冲动性购买行为进行了概括分类。

1. 斯特恩(Stern)分类

根据先验知识、经验和理性/感性两个维度,斯特恩(Stern, 1962)将冲动性购买划分为四种广义的类别：

（1）纯粹型冲动性购买（Pure Impulse Buying）。

纯粹型冲动性购买指消费者事先对所购买商品几乎毫无了解，纯粹是由于对产品好奇而产生情感诉求和购物欲望，从而产生的非完全理性的冲动性购买行为。例如，一个很少购买口香糖的消费者在超市排队结账时，被一种新口味口香糖的包装吸引而购买。它是最容易区分的一种冲动性购买，也是真正的冲动性购买，它打破了常规的购买模式，是一种感性（情感）诱导下的行为。由于人们倾向于做预算，以及有预先制定在何地、何时购买计划的习惯，纯粹型冲动性购买只占冲动性购买的相对少数。

（2）提醒型冲动性购买（Reminder Impulse Buying）。

当消费者看见一个产品并回忆起该产品已经消耗完毕或储存量低时，或者回忆起此产品的广告或其他信息时，以及回忆起曾经做出的购买决定时，发生的购买行为属于提醒型冲动性购买。提醒型冲动性购买的关键因素是消费者记起此产品以前的购买经历或知识，这触发了冲动性购买。例如，某消费者在超市看到柔软剂时想起家里的柔软剂快用完了，从而决定购买柔软剂。柔软剂并不是其立刻需要的，消费者之所以购买，是因为习惯和之前对产品的了解，因此不属于纯粹型购买。与纯粹型冲动性购买不同的是，建议型冲动性购买是一种理性或功能性的购买行为。

（3）建议型冲动性购买（Suggestion Impulse Buying）。

当消费者首次看到一个产品并设想到需要它的时候，发生的购买行为属于建议型冲动性购买。与提醒型冲动性购买的区别之处在于顾客在购物中没有预先的知识协助。顾客必须在销售地点评估产品的质量、功能以及比较同类物品。例如，一位消费者在家电卖场第一次看到一款榨汁机，因为销售人员的详细解释和推荐而产生了非计划性购买行为。与纯粹型冲动性购买的区别在于该购买行为类型可能完全是理性的。

（4）计划型冲动性购买（Planned Impulse Buying）。

虽然顾客在进入购物场所之前带有购买特定产品的计划，但却期望和意欲购买其他产品（这取决于特价、优惠等），发生了计划型冲动性购买。例如，一位消费者计划去超市购买牛奶、鸡蛋，当她/他购物时发现面包正在打折，她/他知道家里每周大约需要吃两袋，尽管她/他知道家里还有存货，但还是又购买了一袋。这种有计划的冲动性购买不同于其他三类冲动性购买，因为购买的商品不是满足其立刻需要，仅仅是因为价格折扣、优惠等才决定购买。这种购买不是纯粹型冲动性购买，因为它不是非常规购买行为；也不是提醒型冲动性购买，因为消费者知道家里还有足够的存货，非急需使用；更不是建议型购买，因为消费者非常了解商品，且知道其用途。购买面包属于有计划购买，虽然消费者清楚家里不缺该商品，但它是习惯性购买清单范围内的产品，消费者清楚自己家里的消耗后还是要继续购买。这是最近才研究出的一种购物特征，可能也是最重要的一种冲动性购物行为（Rook & Hoch，1985）。

任何一种形式的冲动性购买都可能出现在网络购买环境下。例如，某女性消费者为了购买吹风机而登录美发用品网站，有可能产生纯粹型、提醒型、建议型或计划型冲动性购买行为。冲动性购买类型取决于其购买前对产品的认知和意图、展示刺激和情绪的迎合情况。如果该消费者看到网站上的美发饰品就产生了购买欲望，于是立即决定购买的行为则是纯粹型冲动性购买。若消费者因为护发素价格低且家里存量不足而发生的购买，则属于提醒型冲动性购买。消费者看到烫发器的广告，在此之前她并不了解这个产品，只是因为看到产品的图片和效果展示（头发更垂直、闪亮）就决定购买，这种行为属于建议型冲动性购买。消费者购买了吹风机，若因为网站提供打折再购买烫发器，消费者同时购买两种产品的情况下，计划型冲动性购买发生了。以上事例说明每种冲动性购买类型都可能发生在网络购物中。

2. 贝利和南卡罗（Bayley & Nancarrow）分类

根据消费者在冲动性购买中感觉的自我描述，贝利和南卡罗（Bayley & Nancarrow，1998）将冲动性购买行为归为以下四种类型：

（1）自我证实型冲动性购买。

为了证明自己的精明或善于持家，消费者会为感知到的未来需求做一些储存或预先购买。这是一种未雨绸缪的理性购买行为，购买的动机是为未来的需求做储存（也是一种突然的渴望）。自我证实型冲动性购买在中年女性中发生得较为普遍。

（2）自我补偿型冲动性购买。

当消费者取得了优异成绩或完成一项繁重的任务时，为了奖赏自己、改善心情，或者为了补偿自我形象、满足自尊的需要而在当场立即做出的购买。自我补偿型冲动性购买发挥着自我补偿的作用，显然，具有象征意义的产品/服务是自我补偿型冲动性购买或消费的对象。

(3) 自我重新定义型冲动性购买。

消费者由于渴望或潜意识冲突所激发的冲动性购买。这种购买行为发挥了自我重新定义的作用，是一种突然对当下行为的反应，通常被长期潜意识中的冲突与不满所激发。这类冲动性购买主要是功能性的，它囊括了高消费及生活的改变，具有功能性、社会或心理上的利益。冲动性购买的对象通常是高消费商品，诸如珠宝首饰、艺术品、汽车、家具、房屋。对于消费者而言，这类冲动性购买意味着在社会地位上的一种象征性的改变，也是源于对自我重新定义的需求。

(4) 病态型冲动性购买。

消费者不能控制自我而出现的重复性购买行为，属于强迫性购买行为。该购买行为发生的目的主要是缓解消费者自己的内在焦虑或紧张。虽然这是一种不正常的行为，不顾及任何产品功能或成本的限制，但消费者却有一种正当的、完成任务的感觉，让其必须立即拥有该产品。

3. 伍德（Wood）分类

伍德（Wood，1998）认为冲动性购买具有非计划的、没有或很少仔细考虑的且通常伴随着强烈情感三个特征。他进一步将冲动性购买行为分为意志薄弱型冲动性购买（Akratic Impulse）和强迫型冲动性购买（Compulsive Impulse）。

(1) 意志薄弱型冲动性购买。

伍德（Wood，1988）将意志薄弱型冲动性购买界定为在没有或者很少考虑的情况下，伴随着情感反应的非计划性购买行为。在此类冲动性购买中，消费者自由做出决策，但违背个人最佳判断。消费者可能是以超出预算的价格购买某商品，或是"想要"的感觉胜于真正的"需要"。伍德（Wood，1998）以认知的时点不同，将意志薄弱型冲动性购买继续划分为如下两种：

- 强意志薄弱型（Strong Akratic）：在购买时，消费者已经知晓其违背了个人最佳判断。例如，一位女士在下班的路上去了一家服饰店，本打算买些急需的物品（如女鞋），但看见超市展示的无关物品（如设计师品牌的长衫），虽然她知道购买长衫已经超出了预算或者并不如其他商品那样急需，但还是购买了长衫，这种行为就是强意志薄弱型冲动性购买。
- 弱意志薄弱型（Weak Akratic）：消费者在购买现场并没有发觉其违背了个人最佳判断。同样是上述情形，如果服饰店打折销售该长衫，消费者可以自由购买。但随后消费者判断颜色和款式并不适合其需求，认为购买并不划算。打折时购买，随后又出现遗憾，这种行为就是弱意志薄弱型冲动性购买。

（2）强迫型冲动性购买。

强迫型冲动性购买是由于上瘾而形成的被迫购买行为，这种行为不受消费者控制，违背了消费者的个人最佳判断。如吸毒和强迫性障碍症。

4. 小结

由于各个学者采用的分类标准不同，因此，具体分类的数量和结果也存在差异。无论哪种分类方式，都是学者深入研究冲动性购买行为的一次尝试。其中斯特恩（Stern, 1962）的分类得到很多学者的接受。本来，分类的目的是为了更好地了解冲动性购买行为的本质、过程、形成机制，将冲动性购买行为视为一个整体，这是以往及本研究均存在的一个缺憾。

四、消费者在线冲动性购买行为的影响因素

大部分冲动性购买行为的研究都直接或间接涉及影响因素，影响因素的研究同样是消费者在线冲动性购买研究的重点。因此，本书借鉴多拉基亚（Dholakia, 2000）的研究成果，将在线购物环境中影响消费者冲动性购买的因素归纳为以下三大方面：一是消费者个体特征；二是产品因素；三是情境因素。

（一）消费者个体特征

学者们对冲动性购买行为的研究视角从商品本身转向社会学、心理学、消费者行为学以后，消费者的个体特征便成了研究重点。影响消费者冲动性购买的个体特征可以从以下几个方面来衡量：冲动性特质、购物享乐、自我控制能力、自我差异、调节导向和人口统计特征（性别、年龄、价值观等）。

1. 冲动性特质

冲动性特质是快速或不经过反思而反应的倾向性，其特征是无力延迟满足、不受控制的自动行为，而非反思性反应风格（Shea & Fisher, 1996）。在社会科学中，人们已经大量地研究了冲动性特质（Plutchik & Praag, 1995；林玉芳, 2001）。有证据表明，冲动性特质是稳定的个性特征（Klintberg、Magnusson & Schalling, 1989；Verplanken & Herabadi, 2001）。

冲动性特质与冲动性购买之间存在正相关关系。具有高冲动性购买倾向的

消费者会更容易受到营销刺激（如广告、视觉、促销礼物）的影响而引发店内浏览，从而更容易产生购买欲望和冲动性购买（Youn & Faber，2000）。高冲动性特质的消费者比低冲动性特质的消费者更容易产生冲动性购买行为（陈铭慧，2002；林建煌、壮世杰和龚旭元等，2005）。

冲动性特质的影响不仅体现在直接作用于冲动性购买上，它还显著影响规范性评估，最终影响冲动性购买意愿（Liu et al.，2013）；当个人的物质渴望较高或克制欲望的能力较弱时，其自我控制的能力会比较弱，从而较易产生冲动性购买（Hoch & Loewenstein，1991）。在闪购（网络购买模式的一种）中，消费者冲动性特质越高，其自我控制能力越低，情感反应和冲动性购买的意愿越强烈（王寒和杜夏阳，2015）。

2. 购物享乐主义

购物享乐主义指消费者在消费过程中获得的乐趣，是一个稳定的个体特征。有些消费者确实非常享受以购买产品或享乐消费为目的的购物过程（Kim et al.，2007）。对于这些消费者来说，购物是一种消遣方式，甚至是他们最喜欢的休闲活动。相较于购买到的商品，购物享乐主义者会从购物过程中获得更多的满足感，且可能延长浏览时间（Westbrook & Black，1985）。购物享乐主义者是休闲娱乐型消费者，能够从购物过程中体验到大量的心理报酬，而不论是与产品、服务的获得相关还是无关（Bellenger & Korgaonkar，1980；Guiry et al.，2006）。以往很多研究者将其与短暂的情感反应相联系（Koufaris、Kambil & LaBarbera，2002），潜在且稳定的购物享乐主义会影响特定购物时可能出现的短暂情感。

大部分学者认为购物享乐主义与冲动性购买行为存在正相关关系。拥有较强这一特征的消费者会愿意花更多时间在购物过程上，在完成某种购买目的后甚至会延长购买时间。消费者越喜欢甚至享受逛街的过程，即越愿意花费时间闲逛，也就越会产生冲动性购买行为（Bellenger & Korgaonkar，1980）。Kim & Kim（2007）研究发现，消费者的购物享乐程度对消费者浏览行为具有正向影响。消极心境的顾客通过立即购买能带来满足、感觉良好的产品以修补心境（Sarah et al.，2003），这也说明了享乐主义在激发冲动性购买方面的作用。也有研究认为消费者若喜欢闲逛，享受逛街的乐趣，他们会愿意花更多的时间逛街、比较，反而不会产生冲动性购买行为（Lin & Lin，2005）。当然，这一观点被学者们接受的程度不高。

高冲动特质者属于购物享乐主义者,对于是否接受诱惑而出现冲动性购买行为,则倾向于看重冲动性购买行为可能带来的快乐(熊素红和景奉杰,2010)。

3. 自我控制能力

自我控制能力属于认知范畴,通常被行为学者们视为冲动的对立面(Ainslie, 1974),能够约束冲动性行为。

部分学者认为,自我控制能力是个人特质的一部分(Dhanila, 2005;王寒和杜夏阳, 2015)。自我控制能力强的消费者善于控制冲动,而那些自我控制能力弱的人往往实践其冲动(Baumeister & Heatherton, 1996; Friese & Hofmann, 2009)。当一个人的物质欲望比较高或克制欲望的意志力比较弱时,其自我控制能力会比较低,就会比较容易发生冲动性购买行为(Hoch & Loewebstein, 1991)。沃斯和法勃尔(Vohs & Faber, 2004)以力量模型证实:当消费者的自我调控资源削弱时,其会发生更多的冲动性购买行为。

事实上,大部分学者均将自我控制能力视作一个调节变量(如范秀成和张运来, 2006)。在网络购物情境下,自我控制能力对消费者冲动购买意愿和实际冲动购买行为之间的关系存在调节作用,与自我控制能力强的消费者相比,消费者的自我控制能力越弱,其冲动购买意愿对冲动购买行为的作用越强(胡冰, 2015)。

消费者线上控制能力的增加可能抑制网络冲动性购买。有学者认为消费者线上比线下有更多的控制能力(Kouraris et al, 2002; Weinberg, 2001; Wolfinbarger & Gilly, 2001)。在线消费者拥有前所未有的、超过他们所看的、所做的控制能力(Koufaris et al., 2002)。例如,在一个网店里,消费者可以选择自己想看的产品信息,说明广告和营销传播在某种程度上可以被控制(如弹出窗口拦截软件,收到邮件时过滤广告垃圾邮件)。因此,网络提高消费者的控制能力可能会抑制网络冲动性购买。

4. 自我差异

自我差异指个体对于真实自我同理想自我之间存在的差异,自我差异又叫自我失调或者自我概念不一致。

在传统实体店购物环境下,那些自我差异强的个体往往具有过度消费的趋势,因此也更有可能产生冲动性购买(Dittmar et al., 1996)。存在自我差异的消费者更有可能发生冲动性购买行为,尤其当理想自我与现实自我差距较大的时候，消费者往往倾向于通过购买某一产品来缩小这种差距而发生冲动性购买行为（Luna - Arocas, 2008）。

在网络购物环境下，自我差异的大小与冲动性购买行为成正比，即现实自我与理想自我之间的差异越大，被试产生冲动性购买行为的可能性就越大（蒋飞飞，2014）。

5. 调节导向

作为消费者的个性特征，长期调节导向能够影响消费行为（熊素红和景奉杰，2010）。长期调节导向包括长期提升调节导向和长期防御调节导向。长期提升调节导向强调正面结果和收益，即关注能否"获得"，且对负面结果不敏感；长期防御调节导向强调负面结果和损失，即关注是否会遭受"损失"（Higgins，1997）。因此，个体存在两种类型：提升调节导向个体与防御调节导向个体。冲动性特质者往往属于长期提升调节导向个体。提升调节导向个体思想更开放，更爱冒险，更关注收益，对负面结果不敏感，在面对诱惑时更容易冲动（Sengupta & Zhou，2007）。但同时，提升调节导向个体在追求目标的过程中具有更高的动机强度及韧性，因而更容易成功抵制欲望，即当他们认为需要进行自我控制时，其自我控制往往也更有效（Dholakia、Gopinath、Bagozzi et al.，2006）。也就是说，具有更高的提升调节点并不一定会导致更冲动的购买行为。因此，长期调节导向对消费者冲动性购买行为的影响比较复杂，一方面会影响消费者在面对诱惑时的欲望；另一方面也会影响消费者对欲望的抵制。

以往学者主要基于冲动性特质识别高冲动性购买者，但冲动性特质只能反映消费者面对诱惑时的欲望与自我控制的斗争结果，而基于调节导向则能找出真正的高欲望者。真正的冲动性购买者是提升调节导向个体。识别出具有提升调节导向的消费者后，商家可以在促销中重点改变这些消费者的消费观念及态度，改变其规范性评估，使其认为冲动性购买是恰当的，从而充分挖掘这类消费者的购买潜力。在较少涉及规范性评估、消费者较少需要进行自我控制的零售情境中，依据调节导向定位目标消费群体更具特殊意义。

6. 人口统计特征

人口统计变量属于个人外在差异因素，是营销人员无法控制的因素。家庭、父母的受教育程度及职业、家庭工作的人数、社会经济地位等，都与冲动性购买行为无显著相关（Kallat & Willett，1967；Wood，1998）。与冲动性购买有关的主要人口统计特征包括：

性别变量。男女在冲动性购买行为上存在很大差别，在冲动性购买的具体产品方面也存在差异（Dittmar et al.，1995；Dholakia，2000）。一般情况下，女性比男性更容易发生冲动性购买行为（齐庆博，2008；李莉，2009）。在网络情境下，女性消费者比男性消费者更易发生网络冲动性购买行为（于亚莹和戴建华，2014）。针对淘宝网购物者的调查显示，男性浏览网站意愿、冲动性购买中的情感反应弱于女性，计划性和控制情感能力更强（张长春，2011）。男性较倾向于冲动性购买具有功能性与休闲导向的商品，女性因注重情绪的发泄和关系维系，倾向于冲动性购买象征性和自我表达的商品。

年龄变量。年龄是影响冲动性购买的重要因素。总体上，年龄与冲动性购买成倒"U"型关系（Beatty & Wood，1998）。如迪特马尔等（Dittmar et al.，1995）研究指出，年轻消费者（23~30岁）较年长消费者（31岁及以上）和更年轻消费者（22岁及以下）更容易产生冲动性购买行为。年龄在25~40岁左右的淘宝网消费者的情感反应比其他年龄段更强烈，更容易产生冲动性购物行为（张长春，2011）。

文化变量。文化会影响消费者的冲动性购买行为（Muhammad，2013）。总体上看，来自个人主义文化环境（如美国）的人群比来自于集体主义文化环境（如中国）的人群表现出更强、更频繁的冲动性购买行为，且冲动性购买特质与实际冲动性购买行为间具有更强联系（Kacen & Lee，2002）。这个现象可以利用调节点理论解释，正如李、艾克和加德纳（Lee，Aaker & Gardener，2000）指出，美国人比东亚人往往表现出更强的提升调节点，更弱的防御调节点。在中国文化背景下，社会信息和面子也容易影响冲动性购买行为的发生（张正林和庄贵军，2008）。当人们获得面子后，产生积极的情绪，会导致冲动性购买；高面子观的消费者产生更为积极的情绪，低自尊的消费者在面子获得后更容易出现冲动性购买（王琦、游怡和刘敏，2015）。

（二）产品因素

与实体商店相比，在线商店的信息快捷性和信息对称性较高，消费者可以轻而易举地比价，进而影响消费者的购物选择。在线购物网站正是靠提供丰富的物美价廉的产品信息并帮助消费者快速浏览在线商店产品信息、比较产品差异，从而吸引消费者购买。很多学者指出，某些产品类型会比另外一些产品类型更容易被冲动性购买。这些研究表明，产品类型、价格、产品多样化及生命周期等都会影响产品是否被冲动性购买。

1. 产品类型

总体上看，消费者在奢侈品上更容易出现冲动性购买。消费者购买奢侈品主要出于享乐利益，而功能型商品的消费则是出于功能需要。通过购买商品来补偿自我差异的消费者容易出现过度购买，而奢侈品的象征意义能够满足人们的需要（Dittmar，1996）。在网络团购中，消费者对食品（餐券）及休闲娱乐这两类产品有明显偏好（宁连举和张欣欣，2011）。消费者网络购买虚拟商品的意愿和冲动性购买比例要高于网络购买实体商品的意愿和冲动性购买比例；消费者对享乐性虚拟产品的购买意愿和冲动性购买比例最高；虚拟的享乐品购买意愿和冲动性购买比例的差异显著高于虚拟的实用品（章璇和景奉杰，2012）。

2. 价格

产品价格是影响冲动性购买的重要因素（Zhou & Wong，2003）。产品的价格或需要支付的金额越低，消费者越容易产生冲动性购买行为（Bellenger、Robertson & Hirchman，1978）。由于昂贵的商品要支付的金额比较高，消费者通常会经过决策前的信息收集，进行方案的评估和选择，才做出最后的购买决策；而价格较低的商品，不容易影响消费者的预算限制，因此，消费者往往会不经过太多考虑就购买了（Stern，1962）。因此，省钱的渴望经常是冲动性购买的动力。商品价格越低，消费者网络购物的情感反应越强烈，更容易产生冲动性购物行为（张长春，2011）。

线上商品的价格往往低于传统门店的价格，从而可能导致更多的冲动性购买。产品特征是影响网络团购消费者冲动性购买意愿最为强烈的因素，其中，产品类别、产品品质及产品价格对其均有显著的影响作用（宁连举和张欣欣，2011）。

3. 产品多样化

网店不需要在店里堆放存货，商家可以有更多的产品展示空间；网店可以比线下商店给消费者提供更多样化的产品选择。

在冲动性服装购物的研究中，多样化的产品是冲动性购买的重要因素（Chen–Yu & Seock，2002）。Park et al.（2010）专门针对服饰类产品网站进行问卷调查，多样化的选择和网站呈现的产品感官属性对服饰产品的在线冲动性购买有直接作用；同时，产品多样化选择的网站属性对实用性浏览有正向作用，产品价格对享乐性浏览有正向作用，实用性浏览对冲动性购买有负向作用，享乐性浏览对冲动性购买有正向作用。此外，信息的复杂维度潜在诱发网络冲动性购买（Huang，2000）。多样化的产品给消费者提供了多样化的信息，从而鼓励其冲动性购买。

4. 生命周期

产品的生命周期越短，越容易被消费者冲动性购买。高频率的购买需求会降低购买者事先制定购买计划的必要性，消费者经常会在商店里看到商品而冲动性购买（Stern，1962）。例如，一位每周在超市购买面包的妈妈，她清楚自己家里每周都要消耗两袋面包。妈妈不会把面包列入购买清单中，而是在浏览食品时就会把面包放进超市购物车。因此，这类生命周期短的产品会降低消费者的敏感度，因为他们经常需要购买。

（三）情境因素

情境是对观测的时间、地点而言特定的因素，是与消费者、产品本身特征无关的时空中的一点（Antonides & Raaij，1998），包括环境、围绕特定消费场合的个人和社会因素。鉴于情境对目前行为有显而易见的、系统性的影响（Belk，1975），根据 Belk（1975）提出的情境分类方法，我们将影响到网络冲动性购买的情境因素分类如下：

1. 网站环境

作为消费者与网店经营者的接触媒介，购物网站本身发挥着极其重要的作用。实体店商家通过店面外观、店铺布局、商品陈列、店内促销等手段来营造店铺氛围去刺激消费者的购物欲望（Dholakia，2000），而对于网络零售商来说，这一切都浓缩到其网站界面之中。网站环境是由计算机屏幕所呈现在网站界面的一切信息所构成的网络消费者的购物环境。本书沿用帕伯替阿等（Parboteeah et al.，2008）的思路，以不同网站特性来构成网站环境特征。

（1）互动性。

互动性是购物网站借助互联网和现代网站技术与网站参与者之间进行的双向信息互动程度，包括内容互动（或称人机互动）和人际互动两种类型。

互动性对情感与认知有直接作用（Sautter et al.，2004）。一般情况下，网站互动性可以提供节约时间和精力、降低风险和增加更多选择等的功能利益（Klein，1998）和愉悦的享乐利益（Koufaris et al.，2001~2002）。降低互动性会使消费者感到沮丧并减少愉悦感（Dailey，2001），提高互动性可以提高导航的易用性并增强网络体验的愉悦性（Childer et al.，2001）。

网络环境下，诸如网络聊天室、购物者消费心得交互等刺激因素能引发消费者的兴奋情绪，使其出现暂时的、立即的购买行为（LaRose & Eastin，2002）。网站互动性对愉悦的影响最大，消费者的情绪对购买冲动有显著作用（赵宇娜，2010）。网站互动特征将给消费者带来更多的刺激，这种刺激可能来源于网络使用者在交互过程中的潜在期望、需求和需要，导致使用者浏览时间更长，从而增加了其冲动性购买的可能性。

作为网络互动的重要形式，网络评论同样影响到冲动性购买。这是近期的研究热点之一。网络评论是网站基于意见的一种互动。网络评论是指消费者在网络上对产品或卖家发表的任何积极或消极的评论。网络环境中购物者的消费信息及心得交换能够使消费者出现暂时失控且立即的购物行为。在正面评论与冲动性购买意愿的影响关系中，第三方正面评论是外界刺激因素，会影响消费者的认知与情绪；情感反应在正面评论与网络消费者的冲动性购买意愿间存在中介效用（覃伍，2009）。好评度以快乐和唤起情感为中介，好评数以快乐情感为中介间接正向影响冲动性购买意愿（常亚平等，2012）。作为网络环境刺激的网络评论的质量、来源可信度（二者均属于基于意见的互动），以及观察学习（基于行为的互动）通过影响消费者的感知有用性和积极情绪，最终影响其冲动性购买行为（胡冰，2015）。负面网络评论会阻碍冲动性购买（LaRose，2001）。

（2）知识性。

知识性是网站对于产品相关信息、非产品相关信息、网友经验意见及评价报道的提供程度（林振旭，2007）。寻找特定商品、查询特定商品的价格，以及商品种类齐全是网络用户浏览购物网站的主要原因（网络购物调查报告，2004）。互联网上丰富的信息是消费者选择网络购物的主要原因。电子商务的一大特性就是能够提供大量的信息，网络知识提供了比传统的销售人员更多有用的产品信息（Kotler，2000）。

知识性间接影响消费者的冲动性购买行为。信息的有用性、丰富度、时效性等特征是刺激冲动性购买的间接因素。环境信息负荷与激发情绪的程度有直接关系，高负荷的环境会使个体感到刺激、兴奋；相反，低负荷的环境将导致平淡、放松或想睡的情绪（Mehrabian & Russell，1974）。网络的最大优势在于能为消费者带来低成本的便利搜寻功能；通过网络技术、多媒体技术、三维空间技术运用于商品的展示和广告的投放，使消费者更多地暴露于刺激中；这些刺激强度大，内容形式多。根据唤醒理论和适应水平理论，当刺激的强度增加时，会引起人们的唤醒；同时，刺激表现的多样性与唤醒相关。

丰富的网站内容可以引起网络购物者的享乐性情感，并会影响消费者的网络购物体验（Childers et al.，2001）。网络购物者通过访问网站获取及时的信息，当信息与消费需求匹配时，会产生一种快乐的情绪。网站提供的附加价值搜索引擎机制可以为消费者带来更多的信息，包括其他消费者对商品的评论等，而这在实体世界中也许并不能获得（Wulf et al.，2006）。因为产品信息搜寻也是一种有趣的体验，附加价值搜索机制可以使购物体验更加令人高兴和愉快；另外，这些机制激活了消费者的参与兴致和关注附加价值信息，使他们的注意力更加集中（Koufaris，2002）。

总体上看，消费者获得的信息越丰富，消费者的情绪唤起越为积极，感知风险越低，购买冲动越高，冲动性购买行为越有可能发生。

（3）经济性。

网站经济性指网站所提供产品的价格的实在性、价格折扣、促销及其他优惠措施的丰富性。价格便宜、方便和商品丰富是大多数消费者选择网络购物的原因。50%以上的易趣网站购物消费者属于议价求廉型顾客（罗红，2009）。

根据 Kahneman & Tversky（1979）参考点模型，消费者根据过去所积累的经验，对不同商品会有不同的参考价格或期望价格，这个参考价格的中心点就是参考点，消费者会依据此中心参考点评估产品价格，从而形成正向或负向的结果。正向结果即为利得（gain），也就是消费者心中会有额外获得好处的感觉；而负向结果即为损失（loss），也就是在消费者心中会有损失的感觉。消费者价值函数的感知利得和感知损是相对于参考点来衡量的，当商品售价低于内在参考价格时，产生感知利得；反之，当产品售价高于内在参考价格时，产生感知损失。一般假定人们对于损失的斜率大于利得的斜率，也就是说人们对损失是厌恶的。网络环境下，由于减少了许多实体商店的附加费用，其商品价格往往比较低；此时，对于先前在实体店中形成的参考价格，网络商品的价格低于此参考价格，从而形成感知利得，使消费者产生"赚到了"的兴奋感觉。

在网站知识性、网站经济性和网站互动性对情绪的唤醒维度影响中，网站经济性对唤醒的影响最大；而网站视觉性对唤醒没有影响。消费者的情绪对购买冲动有显著作用（赵宇娜，2010）。

(4) 视觉性。

网站视觉性是网站界面设计呈现的外在形式所吸引人的程度（Mathwick & Rigdon，2000）。视觉吸引力能够给消费者所处购物环境带来美感（Holbrook，1994）。传统商店中，美感因素会对购物情绪、注意力、信息感知、购物行为产生影响（Botschen & Crowther，2004；Summers & Hebert，2001；Sherman、Mathur & Smith，1997）。与在传统商店里购物相比，消费者在网络购物中只能通过视觉线索来观看商品，而缺乏其他感官线索，这使得冲动性购买行为发生较实体店更为困难。购物网站所呈现的视觉性会增加消费者的搜索浏览购买行为。消费者能够被网站的视觉设计所吸引，视觉设计可以使消费者更加理解网站信息（Kempf，1999）。视觉吸引力会影响消费者对购物网站的信任（Wulf et al.，2006）。一个具备良好视觉吸引力的电子商务网站可以提升消费者购物的愉悦程度，影响消费者心情并使消费者产生对该网站的形象感知（Hoffman & Krauss，2004）。

视觉性研究一般上升为网站美学研究，网站美学间接影响冲动性购买。网站美学指网站在格式（如有组织、透明）和表现（如有创造性）方面的吸引力。根据社会心理学观点，当媒体科技和社会或生理上的规则越接近时，科技的使用相对越愉悦，因为人会把电脑当作与实际社会互动一样，同样存在"以貌取人"现象；同样，网站美感会影响人们的情绪反应，在做客观性评价时会产生偏差（Reeves & Nass，1996）。美感指人被审美对象的外在形式吸引，情感被打动，使人们对它凝神专注，具有强烈的愉快、感动、舒畅的经验效果。在网络环境下，通过计算机技术的功能，网页可以以不同背景、布局和风格呈现在电脑上，让网络购物者体验不同的感受。许多学者都强调，美感与愉悦、唤醒相关（Hassenzahl，2003；Lavie & Tractinsky，2004；Lavie & Tractinsky，2006）。如比起暖色调的网站，冷色调的网站会使消费者感到更加愉悦和热情（Clark et al.，2004）。

网站美学（包括颜色）、图片、分类影响感知有用和感知易用，二者进一步影响冲动性购买意愿（Bono，2012）。C2C模式下，精美图文会影响消费者的网上冲动性购买行为（张迪，2010）。在网络团购中，图文展示会影响消费者的冲动性购买意愿（宁连举，张欣欣，2011）。

(5)安全性。

网络安全性是指通过网络提供的各种产品与服务(如使用者认证、电子付款、电子竞标、电子投票等)都能够满足机密性、确认性、完整性及不可否认性等要求。安全性属于基本需求范畴。钟小娜(2005)将安全性定义为网站提供的与商品交易过程安全有关的保障和措施。B2C 网站的四项主要特性包括资讯内容、网站设计、安全性和隐私性,其中安全性和隐私性位列前两位(Dholakia, 2000)。网站安全性包括交易形式多样性、交易体制安全和个人账户安全(Rnagmaathna & Ganapath, 2002)。

阻碍消费者网上购物的主要原因有怕被欺骗及隐私权问题(Eng, 1997)。网站安全性和隐私性是影响消费者认知与购物行为的主要网站特性之一。选择网络购物的消费者通常对购物和支付过程中的个人隐私保护和支付安全性存在顾虑。

安全性会影响消费者的冲动性购买。人们对安全、信用卡信息被窃、快递和无法利用感官评价产品等忧虑也会阻碍冲动性购买(Madhavaram & Laverie, 2004)。网站安全性能够正面影响消费者的愉悦情绪(陈丽娟, 2006)。其中,匿名性会在一定程度上促进消费者冲动性购买某些隐私性产品。因为网络信息的保密性,消费者可以冲动性购买线下购买比较尴尬的产品(Koufaris, 2002)。

(6)便利性。

便利性意味着简易。便利特征减少了消费者网络购买上投入的时间、精力和财务成本。消费者在网络商店上可以及时了解商品信息并可以轻松愉快地对比、选择商品,比较网店信誉,甚至可以同实体商店一样与网络商店经营者在线互动,简单快捷地完成下单、购买和支付后即可购买到物美价廉的商品和服务。便利特征使消费者更易于做出购买决策。另外,容易登录还关系到进店的费用。在实体店购物环境下,消费者进店需要一些费用(如交通费);但是,网店购物通常没有或少有这些花费(Moe & Fader, 2004)。因此,消费者也更容易在没有购买需要的情况下浏览网店(Moe & Fader, 2004)。便利性是促进消费者进行网上购物的主要因素之一。决定购物网站生意好坏的因素主要包括网络便利性、商品、网站设计和安全性四个方面(Szymanski & Hise, 2000)。

便利性同时也是冲动购买的根源。便利性对冲动购买的影响较为复杂,原因在于便利性体现在诸多方面。网络为消费者提供了更便捷的购物通道,增加了冲动性购买的可能性(Burton, 2002; Koufaris, 2002),但价格和产品比较机制可能抑制冲动性购买。消费者很容易同时登录不同网店比较产品、价格和其他重要信息。网络创造了搜索更多产品、服务和信息的能力，这也导致了消费者延长做出购买决定和理性思考的时间，从而抑制了冲动性购买（Koufaris et al.，2002）。

在使用信用卡支付、电子支付时，消费者付款的感受没有那么强烈，因此，信用卡、电子支付购物可能增加了网上冲动性购买。快捷、免费的送货服务促进了冲动性购买。网络购物时，消费者需要等待他们购买的产品发货并寄送到其手中（除了下载电子产品）。与实体店环境相比，消费者网上购物时短时间内无法接触到商品。购买和收到货物的时间间隔是抑制网上冲动性购买的因素（Bayley & Nancarrow，1998）。当然，如果消费者能够从购买过程中得到满足，则网络冲动性购买本身已经立刻带来了满足感，实体商品能否触摸及按时送达则无关紧要了。

2. 在线商店的形象与质量

商店形象是消费者对商店不同（特有）属性感知的组合（Blomer & Deruyter，1997），也是顾客对商店特征的整体构架。

网络商店形象同样会对冲动性购买意图产生影响。网络商店形象的特征（网站技术因素、商品因素、购物便利性、安全性及隐私性）与情感状态部分显著相关；情感状态对冲动性购买意图有显著影响（陈滟，2008）。具体而言，网络商店形象中，商品形象对网络冲动性购买意愿的总体正面影响最强，其次是促销形象，沟通形象的总体正面影响最弱，订单履行形象的总体影响为负；商品形象和促销形象对冲动性购买意愿有直接积极的影响，订单履行形象对冲动性购买意愿有直接负面的影响；商品、沟通和订单履行形象对顾客的快乐情感有积极显著的影响，而且商品形象能积极地影响顾客的唤起情感；快乐和唤起两种情感反应能积极显著地影响网络冲动性购买意愿（吴锦峰、常亚平和侯德林，2012）。网络商店形象包含两大部分：功能性便利是使用网络商店完成任务的容易程度（包括商品吸引力和易于使用）；具象喜悦（Representational Delight）（包括享乐和网站沟通风格）与完成特定购买任务不直接相关，但通过刺激消费者感官并使其愉悦而提升购物体验。商品吸引力、享乐和网站沟通风格在影响网络冲动性购买驱力过程中受情绪的调节（Verhagen & Dolen，2011）。

网站特征代表了网站质量的许多方面（Loiacono et al.，2007）。威尔斯、帕波提和约瑟夫（Wells、Parboteeah & Joseph，2011）将特定的网站特征操作化为网站质量（构成型测量），证实了网站质量会直接影响感知购买驱力。网站感知质量与顾客感知价值通过影响购物网站的满意度导致顾客发生冲动性购买行为（徐信诚和王素芬，2011）。

3. 网站设计因素

网站设计因素通过消费者对网站特征和网站质量的感知实现对其自身的影响。尽管网络环境不具备一些实体商店所拥有的引发冲动性购物的特征，如无法试用商品和利用感官评估等，但网络零售商可以用不同的网页、媒体、版式展示产品信息，采用文字、图片甚至视频的方式让消费者体验商品，进而触发其身临现场的感觉（Jiang et al., 2007）。目前网络商家采用很多虚拟现实技术（3D图像、数字图像、虚拟模特及缩放技术等）来展示商品，为消费者带来更加逼真的消费者体验，与传统的实体商品展示相比，虽然这种在线虚拟商品展示的真实感和体验性还需要进一步提高和改善，但消费者可以在虚拟的货架上挑选商品，通过360度旋转及放大、缩小等方式查看商品的各种属性，进而产生"在商店"的主观体验。

在线商品展示和在线互动对消费者冲动性购买既有直接作用也有间接作用。在网购环境中，虽然消费者触摸不到商品本身，但卓越的网络商品展示和良好的网络互动可以激发消费者产生一种虚拟的触觉感知。一方面，网站商品展示技术所产生的视觉效果或听觉效果可以补偿消费者的触觉感知；另一方面，网络互动可以增加消费者的临场感，这种临场感可以激发消费者触觉感知的联想。消费者的虚拟触觉感知加上在线商品展示的情景因素，以及网络互动的刺激因素，可以提升消费者的购买欲望，特别是冲动性购买欲望。在线商品展示和在线互动对消费者冲动性购买既有直接作用也有间接作用，其中，虚拟触觉充当了不完全中介变量（赵宏霞，2014）。文本型媒体版式最能激发冲动性购买意愿，情感反应起到中介作用（Adelaar et al., 2003）。网络商品的图文展示越精美，消费者网络购物时的情感反应就越强烈，更容易产生冲动性购物行为（张长春，2011）。网站设计的交互性和逼真感通过影响临场感（presence，一种虚拟体验类型）进而影响情绪，再影响到冲动性购买（Shen，2012）。

4. 促销因素

促销指营销者向消费者传递有关本企业及产品的各种信息，说服或吸引消费者购买其产品，以达到扩大销售量的目的。总体上看，网络促销（特价、折扣、折价券、量多优惠、限时抢购、抽奖、赠品促销）会影响消费者在线商店界面浏览的深度，进而影响其冲动性购买意愿（殷晨，2013）。

（1）价格促销。

价格促销是商家最常用的刺激措施之一。消费者较偏好直接降价的促销方式（Seibert，1997）。当交易成本相同时，价格促销的呈现方式会显著影响消费者对商店的偏好，在高价产品上较偏好降价的促销方式，而在低价产品上则偏好量的促销方式（Smith & Sinha，2000）。

价格折扣幅度与冲动性购买正相关。调查结果显示，近90%的女性消费者和近82%的男性消费者认为价格折扣是促使他们出现冲动性购买的直接诱因（Donovan et al.，1994）。广告宣传的折扣幅度能够诱使消费者意识到可获取经济上的节约而产生冲动性购买欲望（Burke et al.，2000）。网络商店有大幅的促销，消费者网购时的情感反应越强烈，更容易产生冲动性购买行为（张长春，2011）。折扣或降价促销活动带给消费者的感知节省程度越大，消费者越会产生冲动性购买行为。购买折扣商品意味着消费者节省了金钱，这是一个相对理性和经济的决策。然而，当我们认定冲动性购买行为的特征是情感和享乐驱动的时候，价格折扣可能不足以激发纯粹型冲动性购买。这也是一些学者认为价格折扣能够激发提醒型冲动性购买的原因，毕竟提醒型冲动性购买比纯粹型冲动性购买更多的受理性和效用驱动（Liao et al.，2009）。

在具体折扣类型与冲动性购买的关系方面，当消费者面对突发性的折扣时，会更容易产生冲动性购买，尤其是非意料中的降价或优惠信息最让消费者抵挡不了购物的冲动（林建煌等，2005）；若在店内突然遇到折扣信息，将造成非计划性购买或是购买过量的情形（Heilman，Nakamoto & Rao，2002）。与一般折扣相比，限时折扣更能激发消费者的网络冲动性购买行为，这与英曼（Inman，1997）在传统实体店环境下的研究结果一致；限量折扣不比一般折扣更能激发冲动性购买（周星、雷俊杰和邹俊毅，2011）。促销能积极影响冲动性购买，其中，即刻获得奖励的促销（如价格折扣）的影响大于延迟奖励的促销（如礼品）（Liao et al.，2009）。

（2）广告。

大量广告可以增加消费者对产品的认知，增加购买机会，从而导致冲动购买（Kotler，1991）。网络为零售商提供了更多的机会，使零售商针对特定目标客户实施直接营销和个性化促销（如根据历史购买记录给消费者邮件发送某个新产品的信息）。此外，消费者可以通过横幅广告立刻进入产品的销售平台，这可以促进冲动购买（Koufaris et al.，2002）。

(3) 限时限量促销。

限时限量（尤其是意料之外的促销活动）更容易促使消费者产生冲动性消费（林建煌等，2005）。在闪购中，营销刺激不同，使不同个性特征的消费者产生的冲动购买意愿程度不同；相对于限时，限量刺激和折扣刺激引起的冲动购买意愿更强烈（王寒和杜夏阳，2015）。在网络团购中，时间压力（剩余时间）影响消费者的冲动性购买意愿（宁连举和张欣欣，2011）。

（4）其他促销措施。

减价、免运费或运费折扣等促销手段是消费者认可的在线服装网站最能刺激冲动性购买的外部因素（Dawson & Kim, 2010）。网络抽奖、公告等对冲动性购买同样有正向的刺激作用（Larose, 2001）。

5. 消费者可支配的时间

可支配时间对于冲动性购买的影响比较复杂，总体上呈倒"U"型关系。因此，只有在一定的时间区域内，消费者才能既充分感受到营销刺激，又不会受过多理性思考限制，进而最大可能地发生冲动性购买行为（林建煌、庄世杰和龚昶元，2005）。

（1）可支配时间充裕。

当消费者可支配于购物的时间充裕时，消费者会有更多的机会浏览商品，受各种因素综合作用而诱发购物冲动的可能性会大大增加；另一方面也会让浏览者产生积极的情感反应，积极的情感反应会激发消费者的冲动性购买欲望甚至冲动性购买行为（Beatty & Ferrell, 1998）。当消费者拥有充足的浏览时间时，消费者会在购买过程中进行严谨的理性思考，从而降低了冲动性购买发生的可能性。

（2）可支配时间紧张。

当消费者可用于购物的时间相对较少时，可能会减少浏览活动，进而减少冲动性购买；同时，也会因为时间压力或由于购物环境不佳而想快速选定商品并离开，增加了冲动性购买行为的发生机会（Dholakia, 2000）。

当消费者在决策制定地点的可利用时间有限时，会限制消费者选择商品。制定决策自由的减少导致消费者可能受到激励，而去购买产品以重新获得制定决策的自由。同时，强化购买机会制造了急迫感，提升了消费者对产品的期望（Bae & Lee, 2005）。因为人们倾向于对即将获得的奖励感兴趣，而对未来获得的奖励不感兴趣。结果造成眼前做出的选择有可能是次优的（如购买油炸食物),而为未来使用做出的选择可能是符合道德的(如购买绿色食品)(Read et al., 1999)。实施自我控制依赖于与决策制定之间的时间距离。在期望参照点模型中,消费者将诸如推广优惠等刺激感知为临时性的接近,参照点的提升导致人们增加了对产品的期望,因而产生了购买冲动(Hoch & Loewenstein, 1991)。决策制定时间的严格限制将促进消费者获得立即奖励,也就是获得产品。换言之,决策时间的接近扮演了增加消费者购买冲动的角色。受决策时间约束的消费者把时间约束作为一个边缘线索简捷快速地做出购买决策,将导致购买产品可能性的增加。

6. 消费者的可支配金钱

在消费者产生冲动性购买意愿后,会存在一定的认知评估,他们首先考虑自己的限制因素是否能够完成购买行为(Dholakia, 2000)。如果消费者受到可支配金钱的限制,购买行为无法实现,冲动性购买意愿便会逐渐消失;当消费预算较宽松时,认知评估并不会受金钱的限制,其对购物环境的负面感受较少,消费者愉快的购物心情容易引发积极的情感反应并产生冲动性购物欲望,从而促进冲动性购买行为的发生(Aaker & Lee, 2001)。

总体上看,消费者经济条件越宽裕,发生冲动性购买的可能性就越大,反之亦然(焦玉志, 2012)。

7. 购买前的心境

心境是温和的、弥散性的背景性情感状态,它不指向任何特定的客体和任何可指明的行为(张运来, 2008)。心境有两个主要的独立维度(Watson &Tellegen, 1985),即积极心境和消极心境。

心境在消费者冲动性购买中扮演着突出而且动态的角色(Rook & Gardner, 1993)。心境是导致人们冲动性购买的重要前因之一,看上去是潜在的冲动性购买诱发物,研究人员已经在这一点上达成了广泛的共识(Rook & Garnder, 1993; Elliott, 1994; Dittmar、Beattie & Friese, 1995; Youn & Faber, 2000)。

心境可以通过如下机制(削弱控制机制)影响冲动性购买,即心境通过产生心境调控动机而诱发心境的自我调控行为,心境的自我调控行为进而导致自我控制能力的暂时性下降,而自我控制能力的暂时性下降会导致冲动控制失败或弱化,进而导致更多冲动性购买的发生;不同效价心境影响冲动性购买的机制和效果不同;虽然积极心境和消极心境都通过促进机制和削弱控制机制影响冲动性购买,但积极心境影响冲动性购买的促进机制包含了更广泛的内容（张运来，2006）。

8. 社会环境

同济（同伴）效应在冲动性购买过程中也发挥着作用，特别是在有亲朋好友陪伴的情况下，消费者更容易出现冲动性购买行为。在购物过程中，消费者与朋友间的互动会增强其购买的动机，在这种情况下，出现冲动性购买行为的概率会大大增加（Luo，2005）。

在网络购物环境中，很少出现同伴陪同在网上购物的情况，同济效应改变了形式。如在团购购物中，消费者可以主动邀约（或被邀约）同伴或者陌生人共同团购某一商品或服务以达到团购的最低要求，显然邀约可能会促进冲动性购买；在一般网络购物中，消费者可以查看产品销量、其他顾客的评价、其他顾客购买该产品的情况等信息，这种与陌生人互动获得的信息质量可能不低于来自同伴的信息，可能会促进冲动性购买。

五、实体店背景下及在线冲动性购买的形成机理模型

（一）实体店背景下冲动性购买的形成机理模型

关于冲动性购买的形成机理，半个多世纪的广泛研究留下了大量的成果可供借鉴和参考。归纳起来，目前主要有如下五个相对成熟的冲动性购买理论模型：决策行为模型、自我差异模型、成本收益接近性模型、冲动性购买整合模型以及参考点模型。

1. 决策行为模型

滔尼和善森（D'Atoni & Shenson，1973）将冲动性购买行为界定为某个购买决策的信息加工量和决策时间相对同类或者类似产品和服务较少。其决策行为模型主要是从消费者的决策行为过程角度来研究冲动性购买行为。在该模型中，消费者决策分为"转换阶段"（Transitional Stage）和"决策阶段"（Decisional Stage）两个阶段。转换阶段是消费者将模糊的购买需要转换为有形的产品或者服务的过程；对应的时间称为转换时间，该阶段经历的时间通常相对短暂。决策阶段是消费者在经历转化阶段后到购买的整个过程，对应的时间即为决策时间；该阶段经历的时间可能从几秒到几天，甚至更长，这取决于信息量和信息加工方式。该模型采用相对时间（特定商品购买的决策时间与一般商品

购买的决策时间的比值）概念来衡量冲动性水平。相对时间的值越小，消费者冲动性购买的水平则越高。

滔尼和善森（D'Atoni & Shenson，1973）进一步分析了诱发消费者冲动性购买行为的三类因素：外部刺激因素（包括广告、产品展示及其展示位置、产品可获得性、包装、品牌、产品尺寸、购买频率、意见领袖影响），感知属性（包括文化期望、价值观、感知风险能力、可支配收入水平、价格、信用和时间约束），学习机制，并认为购买行为是三类因素的函数。通过计算产品的正常决策时间和现实决策时间，可以将产品分为强冲动性购买产品（如甜点）和弱冲动性购买产品（如汽车）。

2. 自我差异模型

迪特马尔等（Dittmar et al.，1995）基于社会建构理论和物质占有欲，提出存在象征意义维度的冲动性购买模型，弥补了参考点模型的局限。人们通过赋予商品消费意义，以展现其社会声望、财富、个人社会地位。消费者购买商品的目的既可能是为获取商品的功能利益，也可能是为了实现商品的象征性价值。象征性及情绪性的商品更容易引起消费者的冲动性购买。但迪特马尔等（Dittmar et al.，1995）提出的模型并没有解释消费者获取象征性意义的根源，因此，迪特马尔等（Dittmar et al.，1996）设计了一个更具综合性的冲动性购买模型。

该综合性模型借用了自我完善理论（Wicklund & Gollwitzer，1982）、物质主义概念（Richins & Dawson，1992）和自我差异概念（Higgins，1987）。当消费者发现真实自我与理想自我之间存在差异（自我差异）时，就会寻求一种补偿机制，很可能通过购买具有象征性的商品或服务来弥补这种差异。也就是说，消费者在真实自我与理想自我之间感到差距存在时，就要借由商品购买或使用来提升自我形象而使自己成为理想的人（自我完善），此时就产生了冲动性购买行为，如图2-2所示。

从模型中可以了解到自变量（如个人物质主义倾向、冲动性购买倾向）预测人们会购买何种类型商品以及购买原因。该模型的前提是假定消费者冲动性购买商品是因为感知到自我差异，当然作者也强调并不是说自我差异是解释冲动性购买的唯一原因，而是自我差异和物质主义共同解释说明冲动性购买行为。虽然该模型弥补了参考点模型的不足，但也存在解释上的局限。该模型只考虑了个人冲动性购买的原因，而没有考虑个体在何种情形下会产生冲动。之后，普瑞（Puri，1996）提出的成本收益接近性模型给出了进一步阐释。

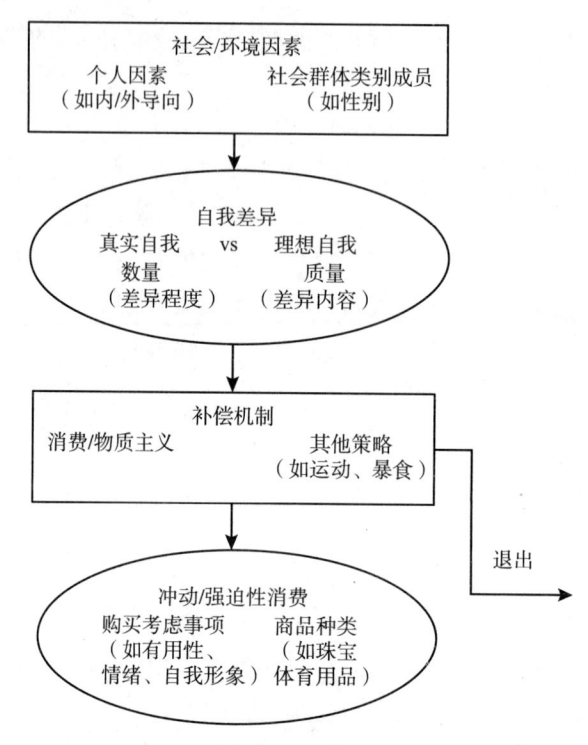

```
┌─────────────────────────────┐
│      社会/环境因素          │
│  个人因素    社会群体类别成员│
│ （如内/外导向）  （如性别）  │
└──────────────┬──────────────┘
               ↓
        ╭──────────────╮
       ╱   自我差异     ╲
      │ 真实自我  vs 理想自我│
      │  数量      质量    │
       ╲（差异程度）（差异内容）╱
        ╰──────────────╯
               ↓
┌─────────────────────────────┐
│        补偿机制             │
│ 消费/物质主义    其他策略   │
│              （如运动、暴食）│
└──────┬──────────────────┬───┘
       ↓                  └──→ 退出
  ╭──────────────╮
 ╱ 冲动/强迫性消费 ╲
│ 购买考虑事项  商品种类│
│ （如有用性、 （如珠宝、│
│  情绪、自我形象）体育用品）│
 ╲                ╱
  ╰──────────────╯
```

图 2-2　基于建构理论的冲动性购买行为模型

资料来源：Dittmar H., Beattie J. and Friese S.. Object, decision and considerations and self image in men's and women's impulse purchases [J]. International Journal of Psychonomics, 1996, 93 (1-3): 187-206.

3. 成本收益接近性模型

普瑞（Puri, 1996）结合多种理论，构建了冲动性购买的理论框架——成本收益接近性模型。该模型通过对冲动性（特质）、时间不一致性偏好、自我控制的研究来解释冲动性购买行为。

在模型中，消费者的长期价值观和个人冲动特质会影响其衡量冲动性行为的成本及所购商品收益。消费者的长期价值观分为享乐主义者和谨慎主义者两类；个人冲动特质可分为高冲动特质和低冲动特质。通常情况下，享乐主义者往往具有较高的冲动特质，在考虑购物成本和该商品所带来的收益时会更关注收益及购物所带来的快感；而谨慎主义者的冲动特质水平相对较低，在考虑成本和收益时，其关注的焦点更多集中于购物成本。因此，在相同的购物情境下，由于消费者的长期价值观和冲动特质不同，其在权衡购买行为的成本和获得的产品收益上存在差异，从而决定了其是否会产生冲动性购买行为，如图 2-3 所示。

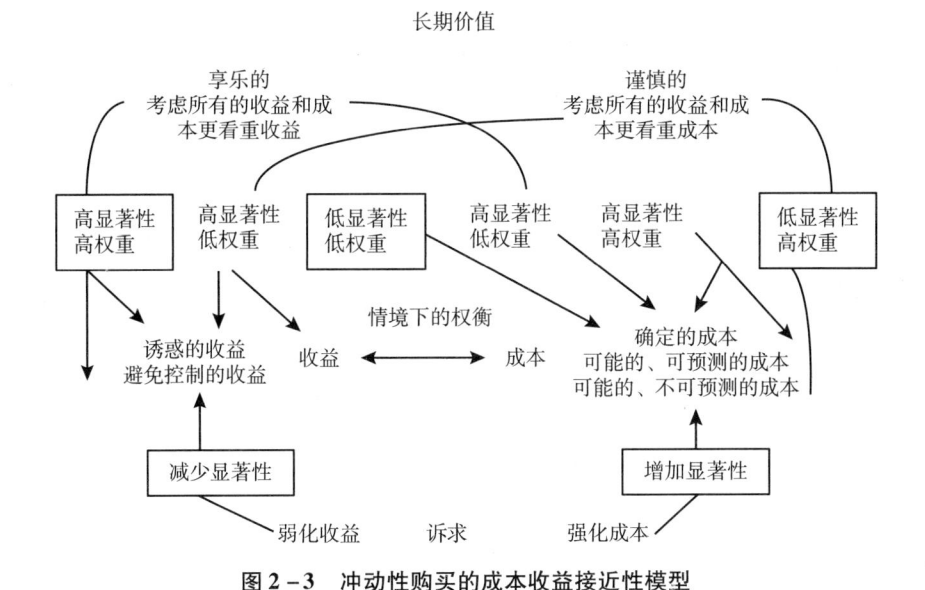

图 2-3 冲动性购买的成本收益接近性模型

资料来源：Piron, F.. Defining impulse purchasing. Advances in Consumer Research, 1991, 18: 509-514.

4. 冲动性购买整合模型

多拉基亚（Dholakia, 2000）在前人冲动性购买理论研究的基础上，对冲动性购买的多种影响因素进行了梳理和分类，最终形成了一个解释冲动性购买行为的影响因素整合模型，如图 2-4 所示。

多拉基亚（Dholakia, 2000）将诱发冲动性购买行为的因素整理总结为：营销刺激因素（如降价促销），情境因素（如可支配时间、金钱等）和消费者冲动性特质。当消费者受到这三类因素中其中一种或多种因素的综合影响时，就会导致冲动性购买欲望的产生。其中，情境因素是冲动性购买意向能否顺利转化成冲动性购买行为的决定性因素。若情境因素（限制因素）对消费者的消费冲动性购买意向具有正向作用（如有足够的可支配时间和金钱、购物伙伴怂恿等），则消费冲动性购买意向更有可能导致冲动性购买行为；若消费冲动性购买欲望与情境因素作用的方向相反（如没有足够的可支配金钱、没有良好的购物心情），消费者则会对冲动消费欲望产生抵触心理，最终可能放弃购买行为。该模型的最大贡献在于强调消费者冲动性购买过程也是一个认知过程，即强调认知评估和理智系统的抑制作用。

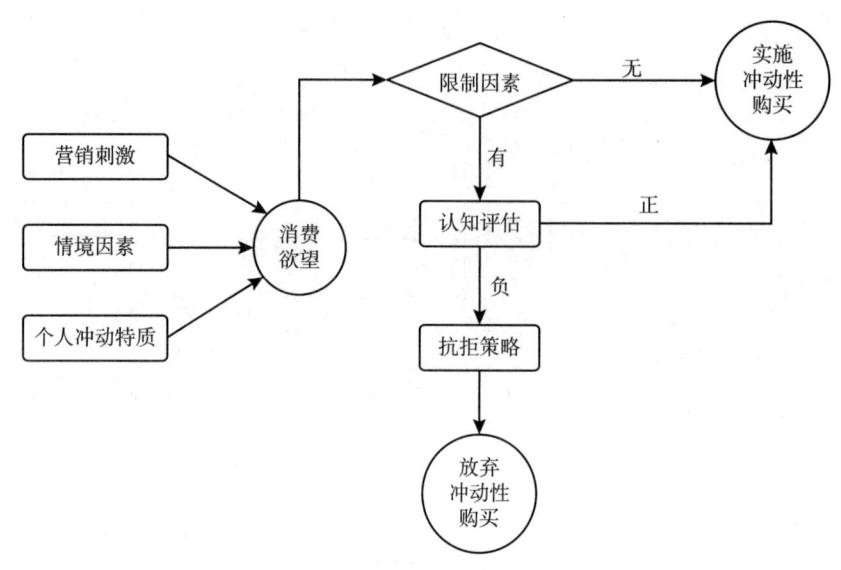

图 2-4　冲动性购买整合模型

熊素红和景奉杰（2010）以冲动性购买过程（欲望的产生、规范性评估、自我控制、冲动性购买）为主线，梳理、整合了各环节的影响因素，构建了冲动性购买影响因素模型。与多拉基亚（Dholakia，2000）的冲动性购买影响因素整合模型相比，熊素红和景奉杰（2010）的模型体现了本领域的最新研究成果。首先，作者拓展了消费者个性特质因素，将自我建构和调节导向纳入其中，并体现了其作为前因变量影响冲动性购买的方式。其次，模型拓展了营销刺激因素、情境因素，并体现了它们对冲动性购买的作用机制。多拉基亚（Dholakia，2000）的模型仅指出营销刺激因素和情境因素会影响冲动性购买欲望，而实际上，这两类因素还会在其他环节起作用。特别地，模型还额外引入了触摸和背景音乐这两个刺激因素，并且体现了情境因素——自我调节资源对消费者自我控制的影响。最后，模型还增加了情感与浏览变量。事实上，有许多前因变量是通过影响消费者的情感而最终对冲动性购买产生影响的。该模型属于概念性模型，尚未经过实证检验，如图 2-5 所示。

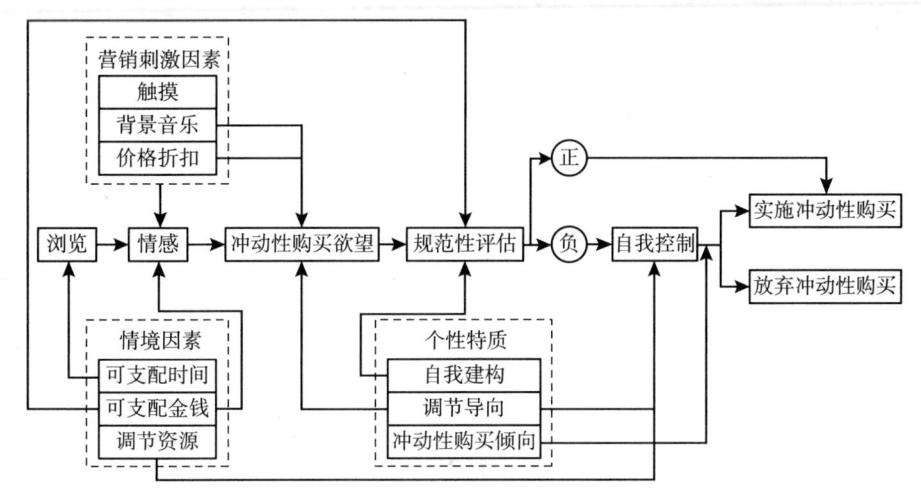

图 2-5　冲动性购买影响因素模型

5. 参考点模型

霍克和罗文斯登（Hoch & Loewenstein, 1991）基于卡内曼和特沃斯基（Kahneman & Tversky, 1979）的前景理论，提出参考点模型用以解释消费者冲动性购买的原因。该模型假设损失（loss）的斜率大于获得（gain）的斜率。也就是说，个体失去一个 X 而主观感受到的痛苦大于获得一个 X 而主观感觉到的快乐。

霍克和罗文斯登（Hoch & Loewenstein, 1991）认为比起绝对获得，人们更关心与心理参考点相对的获得。换句话说，当面对刺激时，消费者往往会感到一种拥有它的驱力（Rook, 1987）。因此，消费者的参考点已经发生了移动，如图 2-6 所示，他们会想象自己已经拥有了商品，如果不获得商品他们就会感到是一种损失，而消费者购买商品是以最小化损失为原则的（Hoch & Loewenstein, 1991）。对于消费者而言，此刻这种立即的满足利益要大于未来的财务顾虑（Dittmar & Drury, 2000）。

模型中的 Y 轴表示消费者的满足感。如果消费者购买了商品，则满足感为 D1；如果不购买，则满足感为 0。如果消费者心态发生变化，即心理上产生拥有商品的强烈愿望，那么通过原点的函数将右移（图中加粗曲线）；此时，如果消费者不购买商品，消费者将损失（D2~D1）的满足感。

该模型突出了预测消费者冲动性购买时，对消费者的商品感知与消费者参考点移动的理解的重要性。该模型可以解释消费者的冲动性购买，但主要局限在于无法解释有些商品类别会被冲动性购买而另一些却不会被冲动性购买的原因。

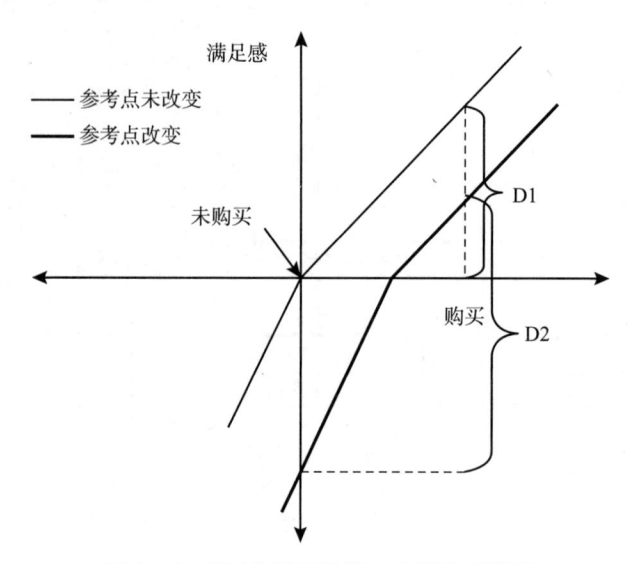

图 2-6　基于前景理论的冲动性购买模型

资料来源：Hoch, Stephen J., Loewenstein, George F. Time - Inconsistent Preferences and Consumer Self - Control [J]. Journal of Consumer Research, 1991, (17): 492 - 506.

（二）在线冲动性购买的形成机理模型

有关网络冲动性购买的形成机理研究的学者主要集中在国内，研究历史较短，大部分研究主要借鉴了传统实体店情景下冲动性购买形成的理论模型，创新性和针对性均不足。

1. 基于刺激反应模型的理论模型

由于消费者对环境刺激做出反应而导致其产生冲动性购买行为，环境心理学为研究这种现象提供了良好的理论基础。这种现象遵循了消费者行为研究中普遍采用的 S - O - R 范式。龚俊威（2013）在结合个体特征的基础上建立了网络冲动性购买行为的发生机理模型，如图 2 - 7 所示。消费者在浏览购物网站的过程中，受到各种视觉、听觉等营销刺激而产生不同感受；同时，购物网站的其他服务（如订单履行、客服沟通及隐私保护等）也会成为营销刺激，对消费者产生影响。

在受到这些外界刺激后，消费者会将客观因素转变成主观感受，单独或同时产生不同的情感反应。由于这个过程发生于消费者浏览的过程当中，所以情境因素中的时间限制会在这个过程中发挥作用。时间过短，消费者没有办法充分接受外界刺激；时间过长，可能会让消费者过多进行理性思考而限制冲动性行为的发生。此外，消费者的个体特征也会影响其情感反应的发生。具有高冲动性特质的消费者情绪更为多变敏感，更容易产生情感反应，从而产生冲动性购买意愿。具有购物享乐主义的消费者则是将购物作为消遣方式的一种，认为购物过程与购买产品相比更具吸引力，他们更容易产生快乐及其他情感反应。

积极的情感反应会使消费者对购买产品本身及其结果的评价变得更积极、更乐观。在这样的评价下，消费者更希望通过购买满足自己的欲望，愿意在商店花费更多的时间和金钱，继而产生冲动性购买意愿。冲动性购买意愿产生后，是否能够转变成实际的冲动性购买行为还需要突破情境因素中的金钱限制。如果消费者可运用的资金足够支持本次购买，则冲动性购买意愿会转化为实际购买行为；如果不具备足够的购买资金，冲动性购买意愿将会在一段时间内逐渐消退，实际购买行为也无法发生。

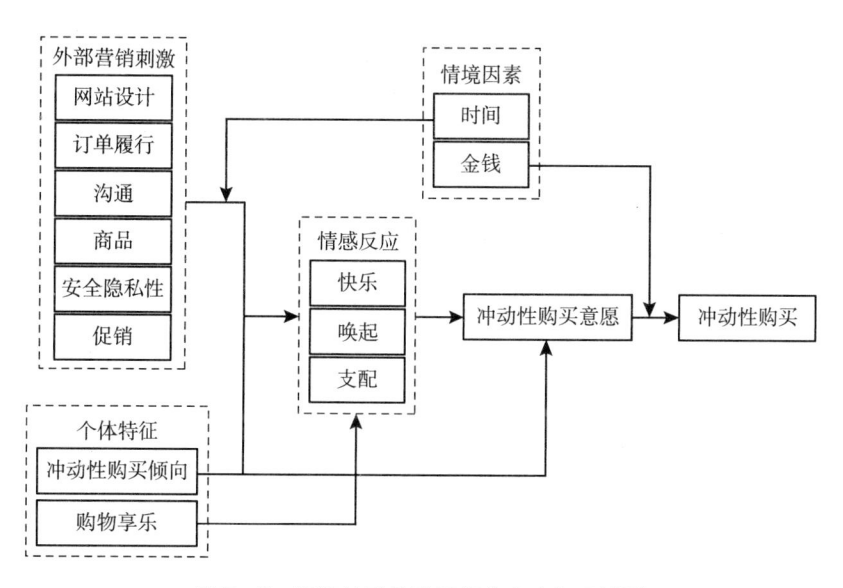

图 2-7　网络冲动性购买行为产生机理模型

在刺激反应模型中，作为外界刺激的环境线索引发了个体的认知与情感反应，进而影响其响应行为。认知反应是指人在与外部刺激交互时出现在大脑中的智力过程，如消费者如何处理展现在网站上的产品信息，或者如何从不同的网站中进行选择以更好地完成购物。认知视角涉及感知有用性、感知易用性、信任、风险等认知方面的概念。目前，研究最多的认知变量是感知有用性（Sun et al.，2006）。相对应地，情感反应则捕捉了消费者的情绪反应。信息系统领域的研究已经涉及了一些针对特定对象或行为的情感概念,如情绪、感知享乐性和愉快。目前,感知享乐性是比较稳定和发展较好的用来测量消费者对于环境的情感反应概念(Parboteeah et al.,2008)。如帕波提等(Parboteeah et al.,2008)基于 S-O-R 模型引入感知有用性和感知享乐性来研究任务相关及与心情相关的网站特征对冲动性购买欲望的影响。

2. 基于整合模型的理论模型

孔法瑞斯(Koufaris,2002)在前人研究的基础上,吸收了信息系统研究(主要是技术接受模型)、市场营销及心理学的相关理论知识,提出了网络消费者行为整合理论模型,如图 2-8 所示。其模型的因变量是非计划性购买行为及放弃购买行为。自变量为产品卷入度、网络技术、增值搜索机制及挑战性。模型考虑了不同中介变量的影响,如感觉控制、购物享乐及集中专心。该模型的实证检验表明:产品卷入度、网络技术、增值搜索机制和挑战性通过影响感知控制、购物享乐和集中专心,进而影响非计划性购买行为;感知有用性和感知易用性不是产品卷入度、网络技术、增值搜索机制和挑战性影响冲动性购买的中介变量,二者对冲动性购买也无直接影响。

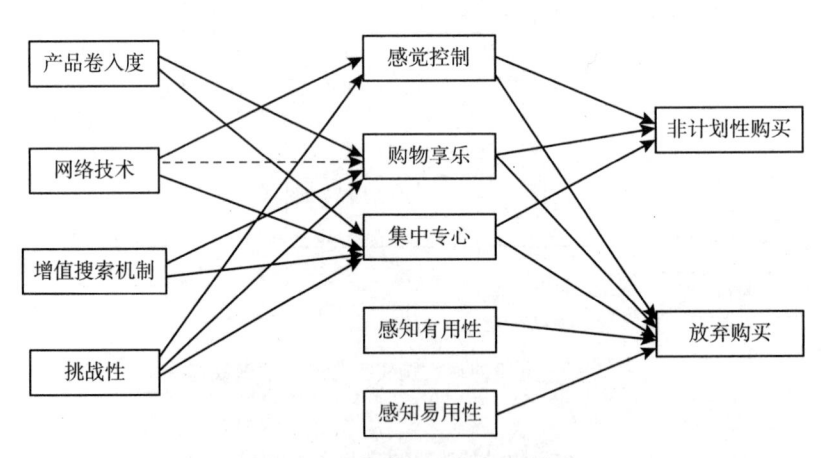

图 2-8 消费者行为整合理论框架

陈旭和周梅华(2010)结合已有研究成果,给出了消费者网上冲动性购物的形成机理模型,如图 2-9 所示。他们认为影响网上冲动性购物的两大影响因素(刺激因素和个体需求动机)和个体冲动性特质并非直接影响消费者的网上冲动性购买行为,而是通过消费者大脑"黑箱"的评估机制。所谓评估机制是个体特质消费者在浏览网上商品时受到各种因素刺激后脑海中出现的第一反应,感知商品是否满足其瞬时效用极大化。通过评估机制,如果购买商品能够满足其效用极大化的瞬时效应,则消费者进一步具有网上冲动性购物意向。具有冲动购买意向后,冲动性购买行为又受到一些限制性因素的影响(如支付能力不足等),这些因素能够打消消费者立即购买的欲望,阻碍冲动性购买行为的实现。

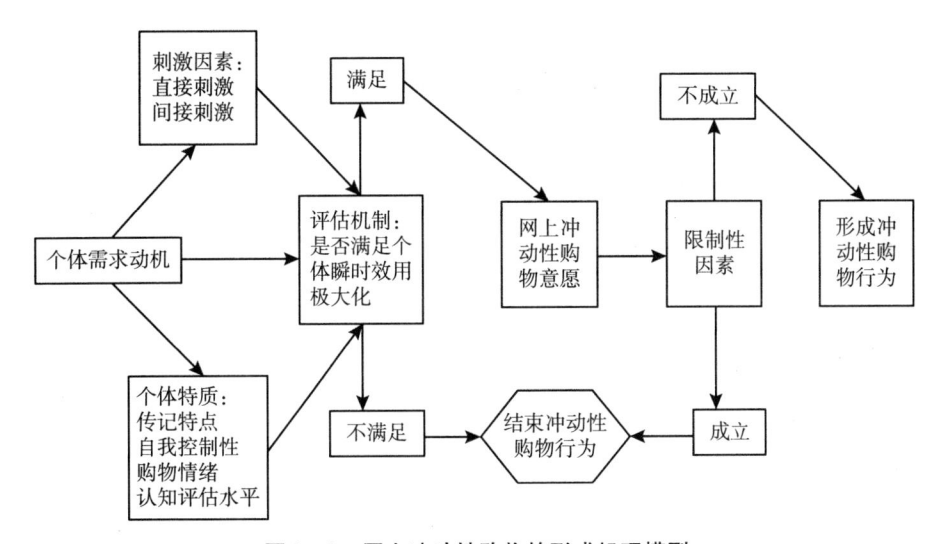

图 2-9 网上冲动性购物的形成机理模型

尚旭彤(2016)将网络环境下的关键外部刺激因素分为网店促销、网店设计、商品展示、网店信誉四个方面。而消费者冲动性特质、购物享乐主义会强化外部因素对消费者的刺激,从而产生强烈的冲动性购买意愿。消费者在浏览商品的过程中所产生的情感反应主要体现为一种高级形式的体验——心流体验,即个人在人机互动的过程中主观感受到的一种情感状态。消费者在形成网上冲动性购买意愿后会通过大脑"黑箱"机制的短暂评估以判断商品能否满足瞬时效用极大化,如果满足,则会进一步发生冲动性购买行为(陈旭和周梅华,2010)。消费者冲动性购买意愿到冲动性购买行为的转换要经历规范性评估和自我控制两个心理阶段(均属于认知层次)。规范性评估的结果决定了此次购物行为是否可取,评价为正向时则发生购物行为;如果规范评估对此次购物的评价为负向,消费者则会通过自我控制来决定是否放弃购买,经过欲望和理性的挣扎,在自我控制失败时会发生购买行为。作为两个主要的情境因素，时间和金钱会调节冲动性购买行为的发生（尚旭彤，2016）。基于此，尚旭彤（2016）构建了消费者网络冲动性购买行为的形成机理模型，如图2-10所示，模型以冲动性购买行为的形成过程为主线，并整合了各环节的主要影响因素。

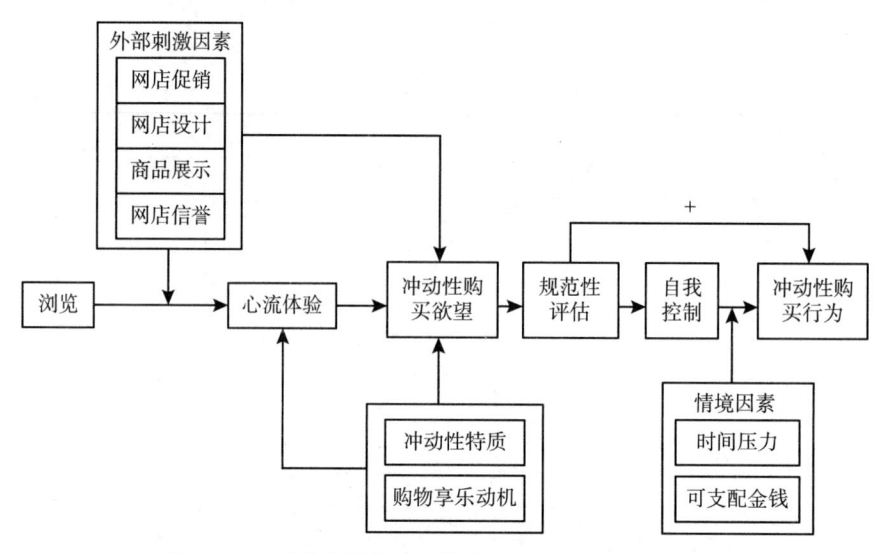

图2-10 消费者网络冲动性购买行为的形成机理模型

无论是传统实体店背景下的冲动性购买行为还是网络冲动性购买行为，考虑到冲动性购买行为本身的多样性和复杂性，难以用简单的模型加以概括，整合模型也许更能反映冲动购买形成过程的全貌。

通过梳理以往的研究成果并借鉴体验等相关理论，结合网络冲动性购买者的深度访谈结果，笔者初步建立了网络冲动性购买行为的形成机理模型，如图2-11所示。笔者认为网络冲动性购买既是一个感性过程（情感体验的结果），又是一个理性认知过程（功能体验形成感知价值、经过认知的规范性评估和受自我调控影响）。感性过程体现在消费者受网站特征刺激而产生情感体验，进而产生购买冲动驱力；理性认知过程表现为：消费者受网站特征影响产生了功能体验，进而产生感知价值，在购买欲望向实际冲动性购买行为转变的过程中，受到规范性评估和自我控制能力的调节。后者与情感体验一并激发冲动性购买欲望。

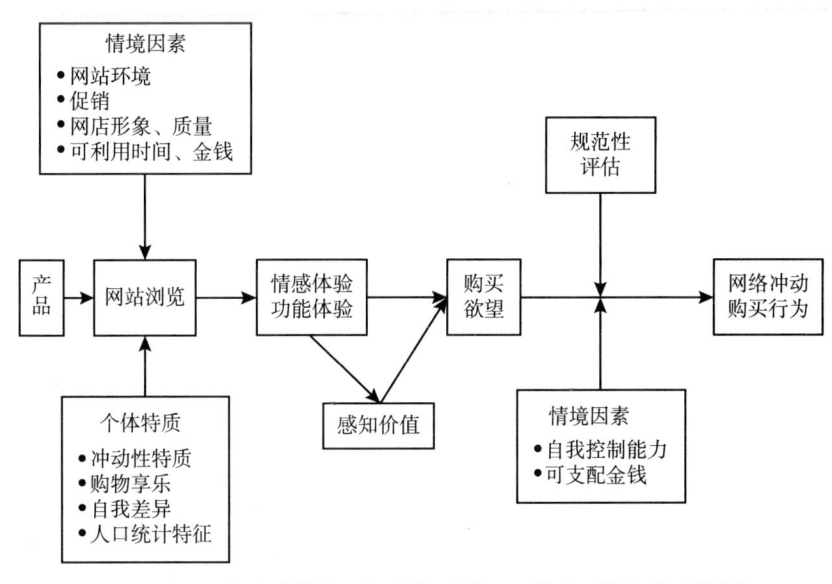

图 2-11　网络冲动性购买行为的形成机理模型（笔者整理绘制）

当然，针对每种类型的冲动性购买行为进行机理的探讨，可能更有意义，更具针对性，这也是笔者的建议。同样，这也会使问题变得更加复杂。

六、在线冲动性购买行为与实体店冲动性购买行为的影响因素比较

实体店冲动性购买行为和在线冲动性购买行为的影响因素有些类似。尚旭彤（2016）利用元分析的亚组分析，发现在线环境和传统零售环境下的冲动性购买的影响因素基本一致，具有共性的特质。下面将在表 2-1 中讨论在两种情境下，同一因素对在线与传统实体店冲动性购买行为上的影响差异。

表 2-1　　　　　传统实体店与在线冲动性购买的影响因素对比

影响因素	具体因素	传统实体店环境	在线购物环境
购物环境	环境线索数量	实体店内的环境很容易影响顾客的冲动性购买行为，存在诸如装修与装饰（如颜色）、气氛、音乐、气味等多种环境线索。消费者利用多种现场线索体验商品，促进了冲动性购买	主要依赖网页塑造的虚拟环境来影响顾客的冲动性购买，相对而言，网络购物环境影响较小。另外，网络购物环境与实体店内环境有差异（如没有气味），消费者只能通过视觉线索来体验商品，而缺乏其他感官线索（如触摸），阻碍冲动性购买

续表

影响因素	具体因素	传统实体店环境	在线购物环境
购物环境	互动性	店员与顾客的面对面互动程度高，有助于促进冲动性购买。消费者与其他顾客之间的互动程度低，但存在示范效应，也容易诱发冲动性购买 消费者可以自由选择、体验产品和阅读产品信息，不必每一步都依靠销售员，自主服务有助于促进冲动性购买 实体店及营销人员控制信息，有助于促进冲动性购买	在线商店店员可以与顾客通过网络互动，互动程度低，会阻碍冲动性购买。消费者与其他顾客互动体现在利用和发表顾客评论上 在线购买以自主服务为基础，消费者愿意按感觉冲动性购买，而不需要标准评估过程。没有销售人员指导和帮助可能导致购买失败 在线消费者的信息控制能力高于实体店情形，消费者可以有选择地获取信息，会阻碍冲动性购买
	安全性	实体店没有完全匿名购买、消费，消费者出现在实体店中且不是单独完成交易。私密性产品往往不会被冲动性购买 交易比较安全，有利于促进冲动性购买	在线购物环境更为私密，消费者更容易冲动性购买一些私密性产品 多数情况下，消费者在线上交易时必须提供个人详细信息。交易安全性差在一定程度上会阻碍冲动性购买，但其负面影响正逐渐弱化
	经济性	实体店需要承担更多的经营、管理费用，因而产品价格往往比网店贵	在线零售商相关费用很低，商品价格有很大优势，人们可能因为低价而冲动性购买
	知识性	消费者必须额外花费时间询问店员或搜集产品信息，这会成为冲动性购买的阻碍	在线购物时，顾客可以方便地搜集信息（如产品详细资料、顾客评论），可能有助于冲动性购买的发生
	便利性	实体店内购物受营业时间、地理位置和交通方式所限，购买机会受限，购买成本较高 实体店基本不提供送货服务。消费者需要在购买前考虑运输问题。购买后立即获得产品增加了冲动性购买发生的概率 信用卡支付和电子支付可以增加冲动性购买发生的概率 在实体店购物过程中，消费者比较不同店铺的产品相对较难，这有助于促进冲动性购买	在线零售商可以在任何时候为全世界消费者提供产品，冲动性购买的机会多、成本低 在线零售商提供免费或费用低的送货服务，有助于促进冲动性购买。无法立即得到货物会阻碍冲动性购买 信用卡支付及电子支付成为提高冲动性购买的因素 网络为消费者比较产品提供了方便，这可能会阻碍冲动性购买

续表

影响因素	具体因素	传统实体店环境	在线购物环境
其他情境因素	促销	实体店一般折扣力度较小 实体店采用更直接的方式促进冲动性购买，如商品展示、广告、促销单等。营销人员控制信息 实体店服务员的促销容易诱发顾客产生冲动性购买	线上商店折扣力度较大，且采用多种折扣形式，更容易诱发顾客产生冲动性购买 网络为直接影响和个性化影响提供了无限的机会。常用技巧是插入横幅、使用弹出窗口、发送个性化促销邮件等 在线零售商的服务人员的语言促销在诱发冲动性购买中的作用有限
	他人影响	消费者更容易受到他人，尤其是同伴的影响，从众地产生冲动性购买。不同群体的结伴购物对个体的冲动性购买行为会产生不同的影响	消费者更容易受到顾客评论、产品销量等因素的影响而产生冲动性购买
产品因素	产品多样性	多样性会增加仓储、物流和展架空间费用，实体店提供的产品品种数量有限。消费者受到产品品种局限，会减少冲动性购买	产品多样化是影响冲动性消费行为的重要因素。与实体店相比，在线商店能提供多样化的产品，因为网店不需要有形空间
	产品尺寸、重量	消费者愿意冲动性购买轻便的、体积小的产品，因为便于运输	消费者不必考虑产品尺寸和重量，不需要考虑运输问题，有助于促进冲动性购买

在线购物环境与传统实体店在很多影响因素方面是相同的，不同之处还在于目标市场和市场范围：传统实体店的目标市场以国内客户为主，他们具备特定的习惯、传统和类似的个人特征；网络没有限定某个区域或者国家，任何人都可以在世界的任何地方登录淘宝或京东进行购买。在线购物环境使国际冲动性购买有了更大的潜能，因为大多数在线消费者都使用信用卡、电子货币支付，他们不必担心货币兑换问题和复杂的手续（如支付关税等），增加了冲动性购买的机会。

在线商店环境中，有些因素既可以刺激也可以抑制冲动性购买。例如，自助购买可以刺激顾客购买，因为它更快捷、自由；它也可能抑制冲动性购买，因为当顾客需要一些指导或咨询某些信息时，没有销售人员在身旁为其提供服务。

第3章

网站特征影响消费者在线冲动性购买旅游产品的实证研究

——基于体验视角

一、研究背景与意义

（一）旅游电子商务的迅猛发展

随着互联网技术及终端设备的高速发展，我国互联网普及率及网络购物水平逐渐攀升。截至2015年12月，我国网民规模达6.88亿人，全年新增网民3951万人，增长了6.1%；互联网普及率为50.3%，超过全球平均水平3.9个百分点。我国网络购物用户规模达4.13亿人，较上年增加5183万人，增长率为14.3%。全国开展网络销售的企业比例为32.6%，开展网上销售业务的企业数量和销售规模增长迅速[1]。

物质生活水平的大幅提高使得人们对精神水平的追求也越来越高，旅游电子商务迅猛发展。截至2015年12月，在网上预订过机票、酒店、火车票或旅游度假产品的网民规模达2.60亿人，较2014年底增长3782万人，增长率为17.1%。在网上预订火车票、机票、酒店和旅游度假产品的网民分别占比28.6%、14.5%、14.7%和7.7%。特别地，通过手机等移动端预订机票、酒店、火车票或旅游度假产品的网民规模达2.10亿人，较2014年底增长7569万人，增长率为56.4%。我国网民使用手机等移动端进行在线旅行预订的比例由24.1%提升至33.9%[2]，如图3-1所示。

---

[1][2] 中国互联网信息中心，第三十七次中国互联网络发展状况统计报告，2016。

第3章 网站特征影响消费者在线冲动性购买旅游产品的实证研究

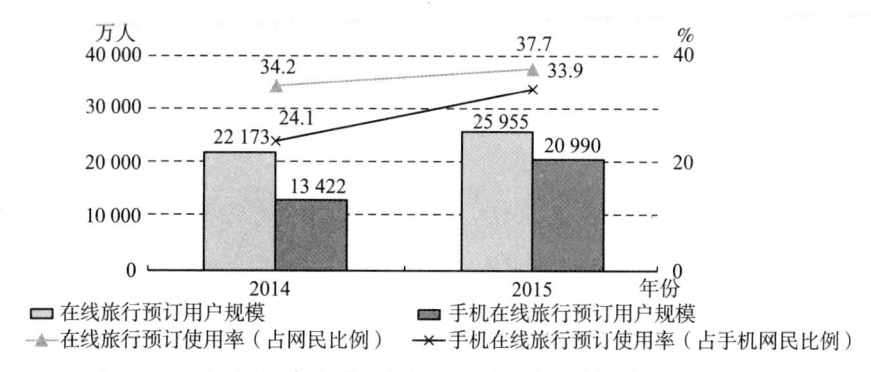

图 3-1　2014~2015 年在线旅行预订、手机在线旅行用户规模及使用率

资料来源：第 37 次中国互联网络发展状况统计报告，2016。

根据 Analysys 易观智库的数据监测显示，2015 年中国在线旅游市场交易规模达 4 737.7 亿元，同比增长 49.6%，如图 3-2 所示；中国旅游产业的线上渗透率达 11.5%，预计未来在线旅游在整体旅游产业中所占的交易规模比重将进一步扩大，如图 3-3 所示。

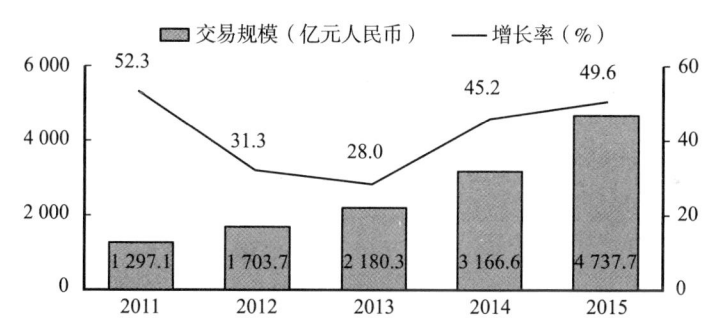

图 3-2　中国在线旅游市场交易规模

资料来源：易观智库，中国在线旅游市场年度综合报告 2016，2016。

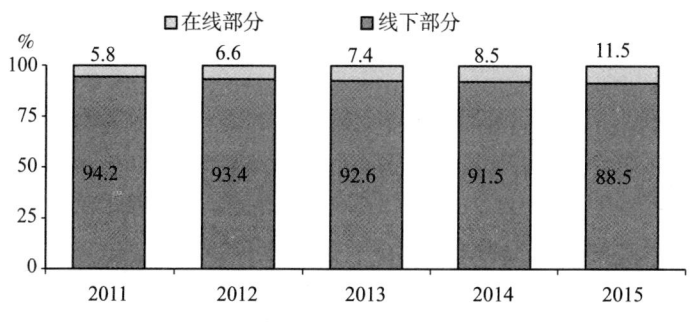

图 3-3　中国旅游产业市场渗透情况

资料来源：易观智库，中国在线旅游市场年度综合报告 2016，2016。

(二) 研究意义

1. 理论意义

关于消费者的冲动性购买行为，国内外学者的研究背景大都基于传统实体店环境；而随着近年来电子商务的急速发展，一些学者开始关注网络环境。总体上看，网络冲动性购买行为的研究仍处于起步阶段，对如何通过提升网站特征刺激消费者体验，从而使其进一步产生冲动性购买欲望的研究还不够深入。

通过对国内外文献的搜索，发现国内外以旅游网站为研究对象的消费者行为研究始于2000年前后。以"旅游"+"冲动性购买"为主题词搜索，文献仅有10多篇；而以"旅游网站"+"冲动性购买行为"为主题词搜索，文献数量则更少。

本篇将以旅游网站（特征）为研究对象，针对旅游网站特征引发消费者体验进而产生冲动性购买欲望这一现象进行实证研究。通过提出并验证旅游网络购物环境下的冲动性购买模型，为在线旅游产品冲动性购买的形成机制研究提供新的视角和证据，丰富冲动性购买研究理论，同时也希望能为未来研究提供借鉴。

2. 现实意义

电子商务的兴起和发展为旅游业带来了巨大的商机，在线旅游零售商（如旅游网站、APP）也如雨后春笋般涌现出来。面对竞争日趋激烈的网上旅游市场，网上旅游产品零售商采取了许多措施促进销售，如美化网站环境、降价等。哪些手段，以及如何利用这些手段（如网站特色设计）促进消费者在网上冲动性购买旅游产品，则是很多网络旅游零售商的关注重点。解决网站特征与冲动性购买旅游产品的关系对于在线旅游零售商而言，无疑具有现实意义。

在线旅游产品零售商可以利用本部分的实证研究成果和营销建议，在有限资源的情况下改进、增加能够带来消费者积极情绪的网站特征。研究成果有助于在线旅游零售商建立良好的网站形象和更好地满足消费者需求，从而提高旅游网站、APP的产品销量。

二、研究方法与技术路线

（一）研究方法

研究方法的选择对于研究结果至关重要，本部分将综合运用定量和定性相结合的研究方法，具体研究方法如下。

1. 定性研究方法

首先利用文献研究法。通过大量阅读国内外相关文献，对文献进行总结归纳（包括相关理论、模型、研究方法和研究结果），找出以往研究突出的创新点和不足之处，以此形成本部分的研究方向、思路。

其次采用访谈法。在文献研究基础上，采访相关学者、研究人员，就问卷问项设计的合理性询问有丰富网络购买旅游产品经验的受访者，并不断地修改，力争使问卷更加科学合理。

2. 量化方法

问卷调查法。首先，在小范围内展开预测验；其次，通过大范围的线上和线下问卷调查，获得实证研究所需要的数据。

数理统计分析方法。首先，运用 SPSS（17.0 版本）软件对数据进行处理，包括描述性分析、信度分析及效度分析（因子分析）；其次，运用 AMOS（Analysis of Moment Structures）软件对本部分设计的结构方程模型进行初步检验和估计；剔除不显著性的因素，重新修正模型，再做进一步的估计和检验。

（二）技术路线

本部分的主要技术路线如图 3-4 所示。

三、体验文献综述

有关网站特征、冲动性购买的研究综述请参见上一篇，本部分重点关注体验领域。

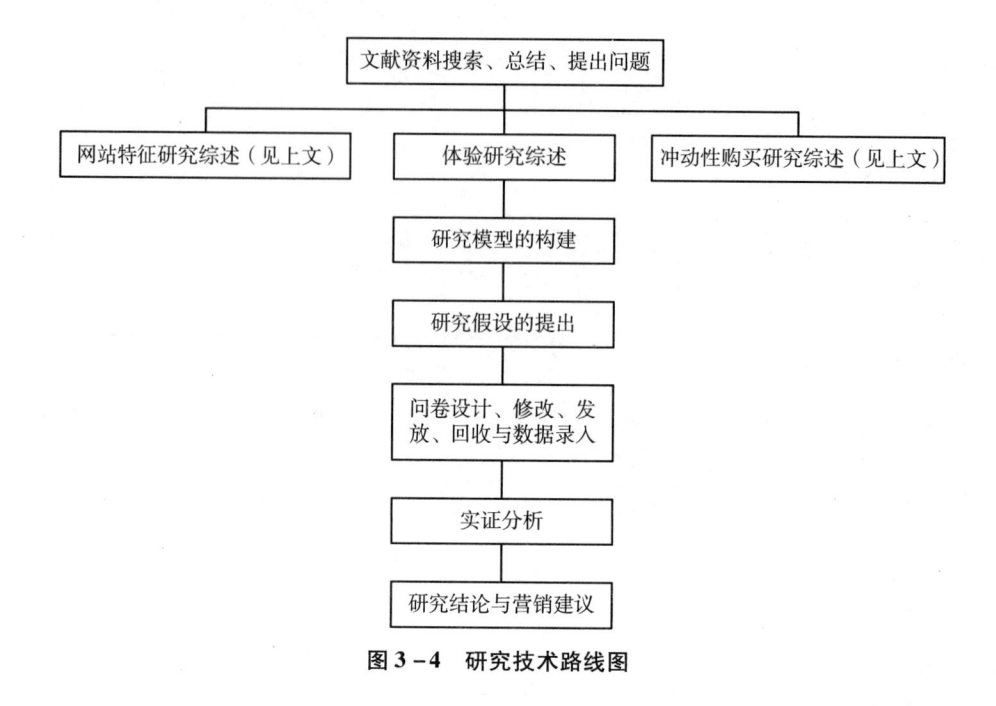

```
文献资料搜索、总结、提出问题
         │
   ┌─────┼─────┐
网站特征   体验研究    冲动性购买研究
研究综述   综述        综述（见上文）
(见上文)    │
           │
       研究模型的构建
           │
       研究假设的提出
           │
       问卷设计、修改、发
       放、回收与数据录入
           │
        实证分析
           │
       研究结论与营销建议
```

图 3–4　研究技术路线图

（一）在线购买体验

1. 在线购买体验的定义

派恩和吉尔莫（Pine & Gilmore, 1998）认为，体验是人们用一种本质上说很个人化的方式来度过一段时间，并从中获得过程中呈现出的一系列可记忆事件。顾客体验是个体对某项刺激产生的个别化感受（Schmitt, 1999）。有关网络购买体验的定义主要分成两大领域，一是市场营销领域，二是管理信息系统领域。

市场营销领域的学者主要基于消费体验理论展开研究，一般将在线购物体验视作一种多维的、个人化的内在心理状态。梅亚和施瓦格尔（Meyer & Schwager, 2007）等人提出消费者购物体验是消费者从与公司直接或间接的接触中产生的内部和个人的反应。顾客的网络购物体验是网站营销活动给顾客带来的一种体验，也是顾客对网站的认知过程（贺爱忠和龚婉琛，2010）。相比直接作用于感官的实体环境，网络体验营销采用界面方式代替了真实环境中的直接体验（Davenport, 2002）。对零售商来说，挑战在于通过电子环境的展示能否使顾客参与并激发他们产生令人难忘、无与伦比的体验，进而获得顾客忠诚。

信息管理系统领域的学者主要基于"流"理论研究在线用户体验。霍夫曼和诺瓦克（Hoffman & Novak，1996）率先将"流"引入网络浏览行为研究，将"流"体验定义为网络浏览过程中产生的一种具有以下特征的状态：由人机交互支持的一系列无缝反应；发自内心的愉悦感；自我意识的丧失；自我提升（学习能力、探索行为、参与活动及主观体验的提升）。诺瓦克（Novak，1997）认为心流体验理论对于如何将网络发展为具有价值的消费者体验这个营销问题至关重要，其将网络环境中的心流体验定义为网络导航过程中发生的一种状态。此后，"流"体验成为学者研究在线体验的方向之一。如特米哈依（Csikszentmihalyi，1988）重点研究在线消费者网络购物过程中的心理满足感，强调顾客的沉浸和投入状态，指出当个体处于"流"体验状态时，完全被做的事深深吸引，心情非常愉快并且感觉时间过得非常快。"流"理论在网络成瘾、网络教育领域得到了广泛的应用，但在线购物中消费者是否经历了"流"体验仍然值得探讨，毕竟大部分在线购物场合，消费者的体验不一定符合"流"体验的特征。"流"仍然是一个不明确、难以捉摸的概念。而基于消费体验理论的在线购买体验研究则呈现突起之势，也更接近体验的本质特征（贺和平、周志民、刘雁妮，2011）。本篇也是基于这一视角，下文在体验维度划分时不再累述。

综上所述，学者们基于不同的研究背景和研究兴趣，从不同的角度给出了顾客体验的定义。但无论从何种角度定义，顾客体验的本质相同，都是消费者在购买或消费的过程中对企业产生一定认知和感知的过程，是消费者的一种内在感受。

2. 在线购买体验的维度

在线购买体验维度划分上，同样存在两大类划分方法：一种是基于"流"体验的划分；另一种是基于消费体验理论的划分。本书重点讨论后者。

基于消费体验理论，可以将体验维度进一步分类。第一种是直接借用派恩和吉尔莫（Pine & Gilmore，1998）的体验四分法。如郑等（Jeong et al.，2009）沿用派恩（Pine，1998）的体验分类（4Es），将服装购物体验分为愉悦体验、逃避体验、审美体验和教育体验。愉悦体验扮演了重要角色。第二种是基于心理学模组对体验维度进行划分，分为感官体验（Sense）、情感体验（Feel）、思考体验（Think）、行动体验（Act）、关联体验（Relate）。如陈等

（Chen et al., 2008）、贺爱忠和龚婉琛（2010）采用施密特（Schmitt, 1999）的维度划分方法。

信任是在线购物体验的重要维度之一。康斯坦丁尼德斯和戈伊茨（Constantinides & Geurts, 2005）将网站体验因素分为功能因素、心理因素和内容因素，包括网站的易用性、互动性、信任、审美性和营销组合。B2C 模式下的用户体验包括用户在网站浏览、选择商品、在线支付、用户等待商品配送和使用商品过程中的体验，具体可归纳为感官体验、交互体验、浏览体验、情感体验和信任体验（黄莺，2013）。

综上所述，虽然不同学者从不同的角度对顾客体验的维度进行了不同的划分，但深入剖析后可以概括为两个基本的方面：第一个是情绪体验；第二个是认知体验（Rose、Hair & Clark, 2011）。而在认知体验中，信任是重要内容之一（黄莺，2013）。借鉴其他学者的做法，笔者重点研究认知体验中的信任体验。总体上，本书将网络购物体验划分为两个维度，分别是情绪体验和信任体验。

（二）情绪

1. 情绪的定义

学者们对情绪的定义有很多种，而关于情绪本质也一直存在着争议，但大多数学者都认可以下解释：情绪是感情发生的过程，是与身体状态有关的细微或明显的变化，是心理和生理交互作用的结果，一般在特定情境中发生。

早在 20 世纪 50 年代，塞克特哥（Schachterg）对情绪进行了界定，指出情绪是内在的情感状态和外在的行为类型。卡卡尔和卢茨（Kakkar & Lutz, 1981）指出，情绪是个人对特定时间和地点的环境因素的反应，不同的环境因素对个体的心理和行为影响有显著差异。

加德纳（Gardner, 1985）指出，情绪是个人属性的表现，是一种主观的情感状态，情绪的产生通常是由某个事件所引发，且过程中伴随着心理和生理的交互反应。德尔贝和彭（Derbaix & Pham, 1990）把情绪描述成一种相对强烈的、具有爆发性的情感状态。巴特拉和斯台曼（Batra & Stayman, 1990）指出，情绪是一种影响主体选择的主观情感状态，作者强调的是情绪的作用。巴戈齐等（Bagozzi et al., 1999）认为，情绪直接与行为取向和外在行为相关，并指出情绪是一种自主的精神状态，这种状态来源于对事情的认知，可能导致特定行为和反应,主要由情绪本身和情绪主体决定。与情感不同,情绪比较强烈,也更容易被察觉和注意到,指那些热切而强烈的情感状态(Clark,1982);而情感则是情绪和心情的统称(Taylor,1984)。

2. 情绪的维度

与情绪的定义一样,学者们关于情绪维度的划分也有着不同的观点。关于情绪维度划分最突出的争论主要集中在二维度划分还是三维度划分上(张运来,2009)。

关于情绪的二维度划分主要有以下观点:第一种,情绪包括愉悦和唤醒两个独立维度(Russell、Weiss & Mendhelson,1989);第二种,正面情绪和负面情绪是情绪的两个独立维度(Laros & Steenkamp,2005;张卫东和刁静,2004)。显然,第一种观点被学者们接受的程度更高,本部分以此为基础。

梅拉比安和拉塞尔(Mehrabian & Russell,1977)、拉塞尔和斯泰格(Russell & Steiger,1982)认为情绪存在三个维度,分别是愉悦、唤醒和支配。但学者们对于支配这个维度的影响作用存在较大争议,如拉赛尔和普拉特(Russell & Pratt,1980)、多诺万和罗西特(Donovan & Rossiter,1982)认为支配维度在数据分析过程中并不显著,对消费购买行为几乎没有什么影响。拉塞尔、维斯和麦德诶欧森(Russell、Weiss & Mendhelson,1989)继而将三个维度更正为愉悦和唤醒两个维度,认为这两个维度可以代表全部情绪反应。鉴于支配情感对消费者行为没有影响(Adelaar et al.,2003),在冲动性购买意愿的前因变量中很少使用支配情感(Cox,1970)。愉悦对冲动购买意愿的影响最为显著,其次是支配,唤醒未发现有什么影响(李志飞,2007)。

(三)信任

1. 信任的定义

信任是一个非主观、横跨多学科的概念。罗特(Rotter)早在1967年就给出了信任的定义——个人或者群体所持有的对他人的说法、承诺、口头的或者书面的声明值得信任的一种期望。在线信任既有传统环境下信任的共性,也有其特定的内涵。区别于传统信任,在线信任研究领域中出现了技术信任和系统信任这两个概念。技术信任是指一个企业相信在技术设施的安全和控制机制上能按照它的信心期望促成一个特定交易的主观信念(Ratnasingam et al.,

2003）。系统信任是指对电子商务系统内在控制机制的信任，它是嵌入到电子商务中并帮助降低卖方机会主义行为的协议、政策和程序。迈耶（Meyer，1995）对在线环境下的信任定义得到了较为广泛的应用，其将信任定义为主体从事某一种风险行为的意愿，这种风险来源于信任主体容易受到信任客体的伤害，信任主体急于对方将完成己方重要的特定行动的期望，愿意接受对方行动可能导致的伤害，而不去考虑监控另一方的能力。

信任问题通常会在不确定性较高的情境下被探讨。与传统实体商店相比，网络购物存在着更多的不确定性。在网络消费行为研究中，信任成为影响购买的一个重要因素。普遍认为：如果网络购买环境下缺乏信任，那么网络交易会很难实现。在网络购买环境下，消费者信任是一种心理状态，是对购物网站有信心、有所期待，这一点会直接影响购买态度和行为。信任会影响消费者的感知风险，从而影响冲动性购买欲望（Jarvenpaa et al.，2000）。消费者通过与网站互动来建立对网站的信任，此外，消费者还可以通过与其他消费者之间的互动来加深对该网站的了解，从而产生更多的信任（Bart et al.，2005）。

2. 信任的维度

以麦克海斯特（McAHister，1995）为代表的许多学者将信任划分为认知型信任和情感型信任两个维度。其中，认知型信任是指信任方对受信方能力、诚信和真诚的可依赖性的理性预期，是在这种认知判断基础上形成的一种信任维度；情感型信任是指在双方感情联系的基础上产生的一种信任维度。我国学者杨中芳和彭泗清（1999）认为，认知信任是通过经验产生的保障性信任，而情感信任则是情感共鸣的产物，是一种接近非理性的信任。

鲍尔等（Bauer et al.，2002）将信任操作为网站购物中情绪的一个维度，证实了网站特征的知识性、个性化、互动性有助于提升消费者对于网站的信任度。为了更加全面地诠释冲动性购买行为的形成机制，本部分借鉴鲍尔等的做法，将信任作为体验的一个维度。

四、网站特征影响在线冲动性购买旅游产品的模型

（一）网站特征影响在线冲动性购买旅游产品的研究模型

在线冲动性购买行为普遍存在，学者们从营销学和心理学等领域对冲动性购买行为进行了大量研究，但绝大部分都是基于传统的实体店环境，对在线冲

动性购买行为的研究非常有限，而以在线旅游零售网站为研究对象的冲动性购买研究则几乎没有。

随着人们生活条件的改善，旅游电子商务迅猛发展起来，网络购物的便利性、时间和空间的无限制性正在改变着传统的旅游商业模式。面对一种新生的商业模式，消费者在做出在线购买旅游产品的决策时会有更多的自主性。如何利用有限的资源去更好地建设零售网站，使消费者在众多的购物网站中选择自己，成为在线旅游零售商迫切需要解决的问题。

本篇构建的网站特征影响在线冲动性购买旅游产品模型主要借鉴了 S-O-R 模型和技术接受模型，如图 3-5、图 3-6 所示。

S-O-R 模型是由梅拉比安和拉塞尔（Mehrabian & Russell）于 1974 年提出，刺激指引起个体反应的环境因素，它通过机体即个人的情感、认知的中介作用引发个体做出趋近或规避的行为。

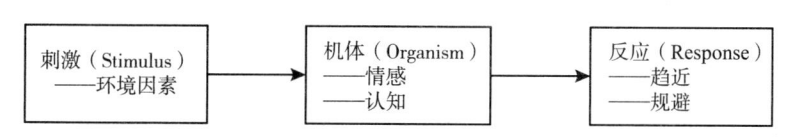

图 3-5　S-O-R 模型（Mehrabian & Russell, 1974）

技术接受模型（以下简称 TAM 模型）由戴维斯（Davis）于 1989 年提出，他认为个体的行为是由其行为意向决定的，而其行为意向则由个人使用系统的态度及能否感知系统有用共同决定。

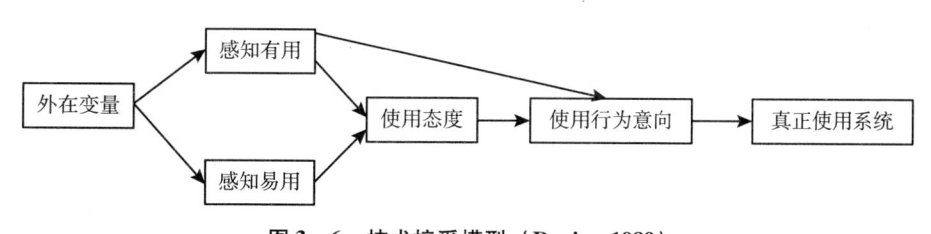

图 3-6　技术接受模型（Davis, 1989）

本部分将旅游网站特征作为刺激因素，研究其对消费者体验的影响并如何最终影响消费者网络冲动性购买旅游产品的欲望。借鉴上述理论模型，本部分提出旅游网站特征与冲动性购买欲望之间关系的模型，如图 3-7 所示。考虑到旅游网站的独特性,本部分除了考虑一般性购买网站的视觉性、互动性、知识性和安全性之外,还增加了网站声誉一项。本篇将体验分为两大维度,分别是情感体验及情绪和认知体验。并在情绪二维度划分(愉悦和唤醒)的基础上,加上消费者通过与网站互动、情感联系所产生的信任,共同作为本研究模型的中间变量。

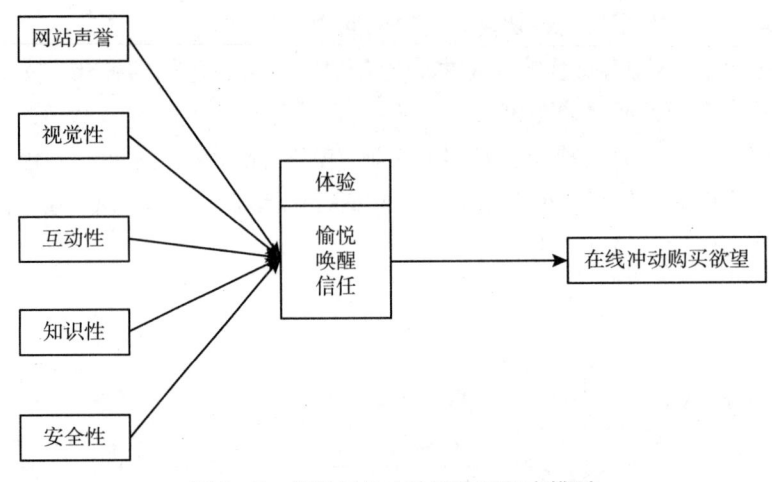

图 3-7　旅游网站冲动性购买研究模型

(二) 网站特征影响在线冲动性购买旅游产品的研究假设

1. 网站特征与体验的关系假设

中外电子文献数据库的文献搜索表明,学者们对于网站特征与情感反应关系的研究较多。总体上看,网站特征会影响消费者的情绪 (Janda et al., 2002)。巴宾 (Babin, 2000) 指出,网站特征通过影响消费者的体验从而影响其情感反应。网站的外观样式、搜索引擎与产品项目的导航结构通过影响消费者的情绪从而影响其决策购买行为 (Liang & Lai, 2002)。成功的购物网站特征能够使消费者在购买中感到安全和受到关怀 (Madu, 2002)。

(1) 网站声誉与体验的关系。

声誉是指消费者基于企业过去的行为以及可预知的影响,通过自身的感知而对企业所形成的认知评价 (黄春新, 2005)。网站声誉会影响消费者信任 (Jarvenpaa et al., 2000)。很多关于网站声誉的研究都表明网站声誉是消费者信任产生的重要因素。如李和冯 (Lee & Fung, 1999) 认为网站声誉对消费者信任的建立非常重要，好的网站声誉能使消费者产生信任，消费者在购物过程中会产生愉悦的情绪。网站声誉具有可传递性，消费者如果大都认为某购物网站诚实和可靠，那么其他消费者也会信任该网站。

针对网站声誉与体验的关系，提出如下3个假设：

H1a：旅游网站声誉对消费者愉悦情绪有正向影响；

H1b：旅游网站声誉对消费者唤醒情绪有正向影响；

H1c：旅游网站声誉对消费者信任有正向影响。

（2）网站视觉性与体验的关系。

网站视觉性是指网站界面设计呈现的外在形式吸引人的程度（Rigdon et al.，2000）。网站视觉性一般通过视觉要素（如颜色）的展示来提高网站的整体外观，增加消费者的愉快体验（Van der Heijden et al.，2003）。一个具备良好视觉吸引力的电子商务网站可以提升消费者购物的愉悦程度，影响消费者的心情并使其产生对这个网站的形象感知（Hoffman and Krauss，2004）。旅游网站的界面设计、整体风格、动画效果等物理外观将直接影响潜在游客的感知愉悦（Kim et al.，2002）。视觉吸引力也会影响消费者对购物网站的信任（Wulf et al.，2006）。

传统营销方式十分重视环境设计，通常利用一些装饰性元素强化视觉效果。在网络环境下，通过利用计算机技术，网页可以以不同背景、布局和风格呈现在电脑前，让网络购物者体验不同的感受。

针对网站视觉性与体验的关系，提出如下3个假设：

H2a：旅游网站视觉性对消费者愉悦情绪有正向影响；

H2b：旅游网站视觉性对消费者唤醒情绪有正向影响；

H2c：旅游网站视觉性对消费者信任有正向影响。

（3）网站互动性与体验的关系。

网站互动性是指顾客感知到的在购物过程中其互动需求得到满足的程度。网站互动包含了网站（商家）和顾客之间的互动，以及顾客和顾客之间的互动。

互动性对情感与认知有直接作用（Sautter et al.，2004）。降低互动性会使消费者感到沮丧并减少其愉悦感（Dailey，2001）。菲奥里（Fiore，2005）指出，网站互动性会影响消费者的态度和购买行为，网站的互动沟通会通过愉悦和唤醒情绪影响消费者的购买决策。此外，如果不考虑现实性，提高互动性可以增强在线体验的愉悦性（Childer et al.，2001）。网站的创新性（趣味性）

和交互性能加强消费者的情感反应（Parboteeah，2005）。互动性对于愉悦、唤醒有正向影响（赵宇娜，2010）。维克菲尔德和怀尔德（Wakefield & Wilder，2004）将网站和顾客之间的互动作为感知网站质量的一个维度，并验证了其对顾客信任的影响作用。顾客和顾客之间的互动（如朋友推荐等）会对顾客信任产生正面影响（Koufaris & Hamton‑Sosa，2004）。

针对网站互动性与体验的关系，提出如下3个假设：

H3a：旅游网站互动性对消费者愉悦情绪有正向影响；

H3b：旅游网站互动性对消费者唤醒情绪有正向影响；

H3c：旅游网站互动性对消费者信任有正向影响。

(4) 网站知识性与体验的关系。

知识性指网站提供的产品相关的信息，以及非产品相关信息的清晰度与丰富性。丰富的知识性是网站的重要因素（Hsu，2000）。消费者选择网络购物的主要原因之一是购物网站丰富的知识性。网络知识的丰富性提供了比传统的销售人员更多有用的产品信息（Kotler，2000）。

网站内容的丰富可以引起网络购物者的享乐性情感，并会影响消费者的网络购物体验（Childers et al.，2001）。伍尔夫等（Wulf et al.，2006）指出，在线购物者通过访问网站获取及时信息，当信息匹配时，会产生一种快乐的情绪。赵宇娜（2010）在研究网站环境特征对冲动性购买的影响中，证实了知识性对愉悦、唤醒均有正向影响。网站丰富的知识性能够降低消费者的认知风险，也就意味着信任提升（Kim，2000）。网站特征的知识性、个性化、互动性有助于提升消费者对网站的信任（Bauer et al.，2002）。

针对网站知识性与体验的关系，提出如下3个假设：

H4a：旅游网站知识性对消费者愉悦情绪有正向影响；

H4b：旅游网站知识性对消费者唤醒情绪有正向影响；

H4c：旅游网站知识性对消费者信任有正向影响。

(5) 网站安全性与体验的关系。

安全性是指顾客在整个网上购物过程中所感知到的风险程度，包括交易形式多样性、交易体制安全和个人账户（Rnagmaathna，2002）。网站安全性能够正向影响消费者的愉悦情绪（陈丽娟，2006）。贝朗格等（Belanger et al.，2002）基于B2C电子商务网站设计的角度研究了信任的影响因素，认为安全因素是消费者在交易前非常关心的因素，但是网站的娱乐特征（如便利、易用和定制等）对信任的影响比安全和隐私因素对信任的影响还大。商家制定保护顾客安全的政策可以减少顾客的疑虑、降低其风险感知，从而与顾客建立更牢固的信任关系（Warrington & Abgrab，2000）。安全性将显著影响消费者对网站的初始信任，初始信任继而显著影响消费者的购买动机（鲁耀斌和周涛，2005）。具体而言，恩格（Eng，1997）提出，隐私和欺骗等安全性会阻碍消费者进行网上购物，安全性会影响消费者信任；王和贝蒂（Wang & Beatty，2004）等人则认为，隐私保护和安全交易政策、第三方认证和退换货政策等均可加强顾客对购物网站的信任程度。

针对网站安全性与体验的关系，提出如下3个假设：

H5a：旅游网站安全性对消费者愉悦情绪有正向影响；

H5b：旅游网站安全性对消费者唤醒情绪有正向影响；

H5c：旅游网站安全性对消费者信任有正向影响。

2. 体验与在线冲动性购买欲望的关系假设

体验已经成为冲动性购买过程中一个非常重要的中介因素。下面将从两个方面对体验和冲动性购买之间的关系进行探讨。

（1）区别冲动性购买者和计划性购买者的标准之一就是购买过程中所经历的情绪反应。

早在1982年，温伯格和格特伍德（Weinberg & Gottwald）研究发现，与普通消费者不同，冲动性购买者通常会更情绪化，在购物的过程中会产生开心、高兴、轻松、娱乐和满足情绪，他们会去享受浏览购买过程中的乐趣。鲁克（Rook，1987）提出冲动性购买者是一种娱乐性的消费者，他们在购买过程中如果受到了外界的刺激，会有一种快乐和兴奋的感觉，这种情感反应如果被激起，那么他们就会购买产品，且购买数量往往高于预期。皮龙（Piron，1993）指出，冲动性购买者比计划性购买者更有可能经历突然而强烈的购买意愿。情绪强度高的消费者在受到购买刺激时的情感反应较为强烈，所呈现出的冲动性购买意愿也较强；相反，情绪强度低的消费者则情感反应较弱，他们能更好地抑制冲动性购买欲望（黄丽婷，2003）。

（2）体验在网络冲动性购买中的直接作用。

在传统冲动性购买研究中，情绪在消费者冲动性购买过程中是一个很重要的影响变量（Rook，1987）。情绪是引发冲动性购买的内部刺激（Youn，2000）。

情绪的影响研究方面。消费者处于正面情绪状态时比处于负面情绪状态时更易产生冲动性购买（Weinberg & Gottwald, 1982）。贝蒂（Beatty, 1998）研究发现，积极情绪会让人感觉到自由、放松、不受拘束、充满活力且精力旺盛，而且会使人产生一种想要奖励自己的想法和欲望，因此，他认为积极情绪会刺激消费者增加冲动性购买意愿，进而产生冲动性购买。胡冰（2015）也证实，积极情绪对消费者的冲动性购买欲望有显著的正向影响。

唤醒的影响研究方面。愉快的外界环境刺激会增加消费者的冲动性购买，唤醒也与冲动性购买存在显著的正向关系（Donovan & Rossiter, 1982）。在情感和冲动性购买关系的研究中，唤醒程度（唤醒被视为情感的强因子）对于冲动性行为特别重要，冲动性购买意愿或行为受到唤醒的影响（Adelaar et al., 2003），因为唤醒程度会影响消费者购买决策过程中信息的探寻、储存和读取过程。

信任的影响研究方面。消费者对网站的信任会降低感知风险，从而正面影响购买态度，引起冲动性购买行为（Jarven, 1999）。消费者在线购物不仅取决于其认知网络购物的易用性、有用性和娱乐性，还受到一些外部变量的影响，消费者对网络购物的信任度越高，消费者网络购物态度对购物行为的预测力越强（Mousuwe et al., 2004）。消费者对网络越信任，购买冲动越容易转化为冲动性购买行为（赵宇娜，2010）。消费者对网店的信任（能力、正直、善意信任）显著地影响了冲动性购买（宋亚非和蔚琴，2013）。

本篇对体验与在线冲动性购买欲望的关系提出如下3个假设：

H6a：愉悦情绪对在线冲动购买欲望有正向影响；

H6b：唤醒情绪对在线冲动购买欲望有正向影响；

H6c：信任对在线冲动购买欲望有正向影响。

（三）问卷设计与发放回收

根据前文提出的研究模型和研究假设，本小节主要解决问卷设计和发放、回收问题。首先，搜集经典文献所采用的变量测量量表，以此为基础，结合旅游零售网站情境和实际调查对象特征，设计测量问项，从而形成正式的调查问卷；其次，简要介绍问卷发放对象的情况；最后，详细说明调查问卷的具体发放、回收以及样本情况。

1. 问卷设计

（1）量表设计。

本部分涉及的各个变量的定义请见表3-1。

表 3 - 1　　　　　　　　　　变量定义

变量	变量定义	来源
网站声誉	消费者能感知到的购物网站诚实并有良好名声及知名度的程度	Pavlou（2003） Hampon & Koufaris（2004）
视觉性	网站界面设计呈现的外在形式所吸引人的程度	Mathwick & Rigdon（2000）
互动性	消费者与购物网站，消费者与其他消费者之间借助互联网所进行的双向信息的互动程度	Alba（1997） 钟小娜（2005）
知识性	网站提供的产品相关信息及非产品相关信息的清晰度与丰富性	Hsu（2000） Marquis（2002） 林振旭（2007）
安全性	网站提供的与交易安全和产品相关的一切保障和措施	Rangamathan（2002） 钟小娜（2005） 林振旭（2007）
愉悦	消费者在环境中感到快乐满意的程度	Rossiter & Donovan（1982） Mummalaneni（2005）
唤醒	消费者感知到的兴奋刺激的程度	Mehrabian & Russell（1974）
信任	消费者对于网站的正直诚实及其履行义务和诺言的能力与意愿的信心	Wilder & Stocks（2004） 杨庆（2005）
在线冲动性购买欲望	由于受到环境刺激，个体所感觉到的突然、迅速、强烈而不可抗拒的驱力，使其购买了浏览网站之前尚没有计划购买的产品	Beatty & Ferrell（1998） 李志飞（2007）

本部分在以往文献整理的基础上设计研究变量的测量问项，并且考虑到本部分研究对象——在线旅游产品的特殊性；遵循多问项测量原则，设计量表时尽量保持测量问项语言简练并易于被调查对象理解，从而使得量表更具有真实性和可理解性。为了保证问卷具有内部效度，每个变量均设计了 3~4 个测量问项。研究所涉及变量的具体测量问项见表 3 - 2。

表 3 - 2　　　　　　　　　　量表测量问项

变量	变量测量问项	来源
网站声誉	SY1：该网站具有较高知名度，我身边的大多数人都知晓该网站 SY2：能经常看到该网站及其产品的广告和宣传 SY3：该网站的产品和服务具有良好口碑	Pavlou（2003） Hampon & Koufaris（2004） 于建红（2007）

续表

变量	变量测量问项	来源
视觉性	SJ1：该网站非常美观，界面设计生动有趣，整体设计风格不错，我喜欢该网站的外观 SJ2：该网站有丰富的图片、声音及视频 SJ3：该网站展示产品的方式具有吸引力	Mathwick & Rigdon（2000）
互动性	HD1：客服对我的咨询乐意并给予耐心解答 HD2：我觉得客服能正确理解我的问题，并且其回复与我的咨询密切相关 HD3：从其他消费者的购买评价中我得到了有用信息	Burgoon et al.（2000） Sullivan（1999）
知识性	ZS1：该网站产品种类丰富且分类清晰 ZS2：该网站产品资讯时常更新 ZS3：该网站推广其他非产品相关链接（如当地旅游网站链接、知名旅游社交平台链接、当地人文地理知识介绍）	Hsu（2000） Marquis（2002）
安全性	AQ1：该网站可供交易和付款方式种类较多，我能轻松找到可行的支付方式 AQ2：该网站有退换货的保证 AQ3：该网站有保护消费者隐私的措施和声明	Rangamathan（2002） 陈怡如（2003） 游明辉（2004）
愉悦	YY1：在该网站浏览、购买产品让我感到开心 YY2：在该网站浏览、购买产品让我感到满足 YY3：在该网站浏览、购买产品让我感到轻松	Rossiter & Donovan（1982） Mummalaneni（2005）
唤醒	HX1：我想要持续浏览该网站 HX2：在该网站浏览购买旅游产品让我感到有趣 HX3：浏览该网站会引起我购买旅游产品的欲望	Mehrabian & Russell（1974）
信任	XR1：我相信该网站会考虑消费者利益（如产品退换货、个人信息保护等） XR2：该网站的购物环境让我觉得安全和放心 XR3：我相信该网站对顾客的承诺是真心诚意的	Wilder & Stocks（2004） 杨庆（2005）
在线冲动性购买欲望	YW1：一看到某些旅游产品（如景点门票、精品旅游路线等），我觉得这就是我想要的 YW2：看到某些旅游产品（如景点门票、精品旅游路线等）的瞬间，我就想立即拥有 YW3：浏览该网站过程中，我发现了不在计划之内却又很想购买的旅游产品 YW4：浏览该网站过程中，对于一些本来不打算购买的旅游产品，体验到突然而强烈的购买冲动	Beatty & Ferrell（1998） 李志飞（2007）

(2) 调查问卷的结构。

调查问卷共有三大部分：

第一部分是问卷介绍及填答注意事项；

第二部分是调查的核心内容，即研究所使用变量的测量量表。具体包括：在线旅游网站特征量表，5个变量分别为网站声誉、视觉性、互动性、知识性和安全性，每个变量分别设计了3个测量问项，共计15个测量问项；消费者购买过程中的体验量表，3个变量分别为愉悦、唤醒和信任，每个变量分别设计了3个测量问项，共计9个测量问项；在线冲动性购买欲望量表，1个变量，共设计了4个测量问项。

第三部分是被试的基本信息，包括性别、年龄、学历以及网上购买旅游产品的经历。

本研究采用李克特5级量表，数值从1到5分别表示"非常不同意"、"不同意"、"不确定"、"同意"和"非常同意"。

2. 问卷调查对象的选择

第38次《中国互联网络发展状况统计报告》显示：截至2016年6月，我国网民中，20~29岁年龄段的网民占比最高，达30.4%；网民中学生群体的占比最高，为25.1%。互联网普及率在该群体中已经处于高位，且考虑到旅游产品购买人群的收入特征，因而选择在校大学生（以研究生和本科生为主）及年轻白领为主要调查对象。

为了获得准确的数据，被调查对象必须是在网络上购买过旅游产品的消费者。

3. 问卷发放及回收

本研究采用随机抽样法确定样本，采取纸质调查问卷发放和电子调查问卷网上发放相结合的调查方式。

纸质调查问卷选择在校内和学校附近写字楼随机发放，共发放问卷200份，回收有效问卷110份。网络发放调查问卷主要通过与网络旅游网站合作，让其给购买过其旅游产品的客户邮箱发放电子邮件，通过给予积分奖励来吸引消费者作答、回复，通过此方式回收的有效调查问卷共70份。

经过筛查，剔除有遗漏项的问卷，本研究共回收有效调查问卷159份。

五、数据统计分析

(一) 数据统计方法

本部分利用 SPSS 17.0 与 AMOS 17.0 统计软件对数据进行统计分析。

1. 样本的描述性统计分析

采用数据统计技术分析调查样本的基本资料。针对样本的各个层面进行百分比、平均数、标准差和方差等基本统计分析,以此来说明调查样本的具体结构。

2. 信度分析

信度指的是问卷的可靠程度,目前最常用的是 Alpha 信度系数法分析信度。信度系数在 0~1 之间,信度系数越高,表明量表信度越好。只有当信度系数大于 0.7 时,量表的可靠性较高,才可以进行下一步的分析。

3. 效度分析

效度是指测量结果反映考察内容的程度,测量结果与考察内容越吻合,效度越高;反之,则效度越低。本研究采用探索性因子分析方法来测量网站特征、情绪,以及在线冲动性购买欲望等变量的建构效度。在进行因子分析之前,需要先进行 KMO 样本测度以及 Bartlett 球形度检验。

4. 整体结构方程模型分析

结构方程模型(Structural Equation Modeling,SEM)假设潜变量之间存在因果关系。在社会科学研究中所使用的潜变量大多比较复杂,不能直接测量,必须用一组观测变量(该组观测变量的线性组合)来表示;当然,这也带来了测量误差问题。

相对于传统的回归分析而言,SEM 能同时测量多个因变量,并且允许自变量和因变量同时存在测量误差;更重要的是,SEM 可以计算不同模型对同一个样本数据的整体拟合程度,从而选择出最合适的模型。因此,SEM 在近些年成为学者进行多元数据分析的重要工具,并且得到了不断的修正和完善。

本研究运用 AMOS(Analysis of Moment Structures 的首字母缩写)17.0 软

件进行 SEM 分析。SEM 用于处理复杂的多变量数据，而 AMOS 可以同时分析多个变量，统计分析功能强大。

（二）样本描述性分析

1. 调查对象的描述统计

本次调查问卷的发放对象主要是有过网络购买旅游产品经历的中国大陆消费者，主要以大学生为主，另外还有部分白领，如表 3-3 所示。

表 3-3　　　　　　　　　　调查对象的描述统计

内容	项目	样本个数	百分比
性别	男	69	43.4
	女	90	56.6
年龄	20 岁以下	8	5.0
	21~30 岁	101	63.5
	31~40 岁	33	20.8
	41~50 岁	12	7.5
	51 岁及以上	5	3.1
学历	高中	15	9.4
	大专	26	16.4
	本科	49	30.8
	硕士及以上	69	43.4
网购旅游产品的历史	1 年以下	33	20.8
	1~2 年	56	35.2
	2~3 年	47	29.6
	3 年以上	23	14.5

从表 3-3 中我们可以看出，在回收的 159 份有效问卷中，男性占比 43.4%，女性占比 56.6%。从年龄结构上看，年龄大都集中在 21~30 岁，占比 63.5%；其次为 31~40 岁，比例为 20.8%。从学历结构上看，大专及以下的共占比 25.8%，本科及以上学历的占比 74.2%，其中硕士及以上学历的人数最多，达到 43.4%。关于网络购买旅游产品的历史一项，1 年以下的被调查

对象占比 20.8%，具有 1~2 年网购历史的被调查对象最多，占比 35.2%，2~3 年的被调查者占比 29.6%，3 年以上的被调查对象占比 14.5%。

2. 测量问项的描述统计

本部分所采用的量表均为李克特 5 级量表，从"非常不同意"到"非常同意"共有 5 个选项，分别赋值 1 到 5。各个变量的各个调查问项的均值、标准差、方差以及均值标准误差请见表 3-4，读者可以清晰了解各个变量测量问项的情况。

通过表 3-4 可以看出：大部分变量的方差都在 1 以下，仅有 3 个测量问项的方差在 1 以上，但最大的也只有 1.052，表明各个单位变量与其算术平均数的离差较小；均值标准误差均在 1 以下，表明样本均值和总体均值平均偏差程度较小。

表 3-4　　　　　　　　　测量问项的描述性统计

变量	调查问项	均值	标准差	方差	均值标准误差
网站声誉	SY1：该网站具有较高知名度，我身边的大多数人都知晓该网站	4.33	0.809	0.654	0.064
	SY2：能经常看到该网站及其产品的广告和宣传	4.13	0.809	0.655	0.064
	SY3：该网站的产品和服务具有良好口碑	3.65	0.703	0.494	0.056
视觉性	SJ1：该网站非常美观，界面设计生动有趣，整体设计风格不错，我喜欢该网站的外观	4.03	1.025	1.050	0.081
	SJ2：该网站有丰富的图片、声音及视频	4.16	0.823	0.678	0.065
	SJ3：该网站展示产品的方式具有吸引力	3.44	0.768	0.590	0.061
互动性	HD1：客服对我的咨询乐意并给予耐心解答	4.12	0.706	0.498	0.056
	HD2：我觉得客服能正确理解我的问题，并且其回复与我的咨询密切相关	4.35	0.551	0.304	0.044
	HD3：从其他消费者购买评价中我得到了有用信息	4.86	0.387	0.150	0.031

续表

变量	调查问项	均值	标准差	方差	均值标准误差
知识性	ZS1：该网站产品种类丰富且分类清晰	4.79	0.504	0.254	0.040
	ZS2：该网站产品资讯时常更新	3.60	0.721	0.520	0.057
	ZS3：该网站推广其他非产品相关链接（如当地旅游网站链接、知名旅游社交平台链接、当地人文地理知识介绍）	4.48	0.538	0.289	0.043
安全性	AQ1：该网站可供交易和付款方式较多，我能轻松找到可行的支付方式	4.60	0.563	0.317	0.045
	AQ2：该网站有退换货的保证	4.33	0.689	0.475	0.055
	AQ3：该网站有保护消费者隐私的措施和声明	3.37	0.725	0.526	0.058
愉悦	YY1：在该网站浏览、购买产品让我感到开心	4.07	0.764	0.584	0.061
	YY2：在该网站浏览、购买产品让我感到满足	3.81	1.052	1.107	0.083
	YY3：在该网站浏览、购买产品让我感到轻松	4.64	0.600	0.360	0.048
唤醒	HX1：我想要持续浏览该网站	4.13	0.785	0.617	0.062
	HX2：在该网站浏览购买旅游产品让我感到有趣	4.03	0.799	0.638	0.063
	HX3：浏览该网站会引起我购买旅游产品的欲望	4.73	0.633	0.401	0.050
信任	XR1：我相信该网站会考虑消费者利益（如产品退换货、信息保护等）	3.98	0.860	0.740	0.068
	XR2：该网站的购物环境让我觉得安全和放心	4.36	0.621	0.385	0.049
	XR3：我相信该网站对顾客的承诺是真心诚意的	3.63	1.016	1.032	0.081
在线冲动性购买欲望	YW1：一看到某些旅游产品（如景点门票、精品旅游路线等），我觉得这就是我想要的	4.23	0.805	0.648	0.064
	YW2：看到某些旅游产品（如景点门票、精品旅游路线等）的瞬间，我就想立即拥有	3.80	0.877	0.769	0.070
	YW3：浏览该网站过程中，我发现不在计划之内却很想购买的旅游产品	4.07	0.695	0.483	0.055
	YW4：浏览该网站过程中，对于一些本来不打算购买的旅游产品，产生了突然而强烈的购买冲动	4.14	0.762	0.580	0.060

3. 信度分析

信度分析的内容是问卷的可靠程度，目前最常用的是 Alpha 信度系数法。只有当信度系数大于 0.7 时，认为可靠性较高。当变量的测量问项小于 6 个时，若内部一致性信度系数大于 0.6，量表的信度可以接受（Peter，2002）。本问卷测量问项均小于 6。只要内部一致性信度系数接近 0.7，便可以做下一步的分析（何建华，2013）。

以下是本部分中各个变量量表的内部一致性信度分析数据。

（1）网站特征量表的内部一致性信度分析。

● 网站声誉量表的内部一致性信度分析

网站声誉变量的 Alpha 系数大于 0.7，表明该变量具有较高的可靠性，符合研究要求，如表 3-5 所示。

表 3-5　　　　　网站声誉量表的内部一致性信度分析

变量	问项	项已删除的 Cronbach's Alpha 值	Cronbach's Alpha
网站声誉	SY1：该网站具有较高知名度，我身边的大多数人都知晓该网站	0.691	0.788
	SY2：能经常看到该网站及其产品的广告和宣传	0.626	
	SY3：该网站的产品和服务具有良好口碑	0.786	

● 视觉性量表的内部一致性信度分析

视觉性变量的 Alpha 系数大于 0.7，表明该变量具有较高的内部一致性信度，符合研究要求，如表 3-6 所示。

表 3-6　　　　　视觉性量表的内部一致性信度分析

变量	问项	项已删除的 Cronbach's Alpha 值	Cronbach's Alpha
视觉性	SJ1：该网站非常美观，界面设计生动有趣，整体设计风格不错，我喜欢该网站的外观	0.682	0.767
	SJ2：该网站有丰富的图片、声音及视频	0.732	
	SJ3：该网站展示产品的方式具有吸引力	0.723	

● 互动性量表的内部一致性信度分析

互动性变量的 Alpha 系数为 0.698，接近于 0.7，同样表明该变量信度可以接受，符合研究要求，如表 3-7 所示。

表 3-7　　　　　　　互动性量表的内部一致性信度分析

变量	问项	项已删除的 Cronbach's Alpha 值	Cronbach's Alpha
互动性	HD1：客服对我的咨询乐意并给予耐心解答	0.677	0.698
	HD2：我觉得客服能正确理解我的问题，并且其回复与我的咨询密切相关	0.677	
	HD3：从其他消费者购买评价中我得到了有用信息	0.675	

● 知识性量表的内部一致性信度分析

知识性量表的 Alpha 系数为 0.811，大于 0.8，表明该变量的内部一致性信度很高，符合研究要求，如表 3-8 所示。

表 3-8　　　　　　　知识性量表的内部一致性信度分析

变量	问项	项已删除的 Cronbach's Alpha 值	Cronbach's Alpha
知识性	ZS1：该网站产品种类丰富且分类清晰	0.763	0.811
	ZS2：该网站产品资讯时常更新	0.756	
	ZS3：该网站推广其他非产品相关链接（如当地旅游网站链接、知名旅游社交平台链接、当地人文地理知识介绍）	0.691	

● 安全性量表的内部一致性信度分析

安全性量表的 Alpha 系数为 0.712，大于 0.7，表明该变量内部一致性信度较高，符合研究要求，如表 3-9 所示。

表 3-9　　　　　　　　安全性量表的内部一致性信度分析

变量	问项	项已删除的 Cronbach's Alpha 值	Cronbach's Alpha
安全性	AQ1：该网站可供交易和付款方式种类较多，我能轻松找到可行的支付方式	0.691	0.712
	AQ2：该网站有退换货的保证	0.716	
	AQ3：该网站有保护消费者隐私的措施和声明	0.734	

（2）体验量表的内部一致性信度分析。

• 愉悦量表的内部一致性信度分析

愉悦变量的 Alpha 系数为 0.823，大于 0.8，表明该变量具有很高的可靠性，符合研究要求，如表 3-10 所示。

表 3-10　　　　　　　愉悦量表的内部一致性信度分析

变量	问项	项已删除的 Cronbach's Alpha 值	Cronbach's Alpha
愉悦	YY1：在该网站浏览、购买产品让我感到开心	0.812	0.823
	YY2：在该网站浏览、购买产品让我感到满足	0.723	
	YY3：在该网站浏览、购买产品让我感到轻松	0.798	

• 唤醒量表的内部一致性信度分析

唤醒变量的 Alpha 系数为 0.844，大于 0.8，表明该测量问项内部一致性很高，符合研究要求，如表 3-11 所示。

表 3-11　　　　　　　唤醒量表的内部一致性信度分析

变量	问项	项已删除的 Cronbach's Alpha 值	Cronbach's Alpha
唤醒	HX1：我想要持续浏览该网站	0.823	0.844
	HX2：在该网站浏览购买旅游产品让我感到有趣	0.788	
	HX3：浏览该网站会引起我购买旅游产品的欲望	0.881	

• 信任量表的内部一致性信度分析

信任量表的 Alpha 系数为 0.789,大于 0.7,表明该量表具有较高的可靠性,符合研究要求,如表 3-12 所示。

表 3-12　　　　　　　　信任量表的内部一致性信度分析

变量	问项	项已删除的 Cronbach's Alpha 值	Cronbach's Alpha
信任	XR1:我相信该网站会考虑消费者利益(如产品退换货、个人信息保护等)	0.701	0.789
	XR2:该网站的购物环境让我觉得安全和放心	0.645	
	XR3:我相信该网站对顾客的承诺是真心诚意的	0.797	

(3) 在线冲动性购买欲望量表的内部一致性信度分析

在线冲动性购买欲望变量量表的 Alpha 系数为 0.781,大于 0.7,表明该量表具有较高的内部一致性信度,符合研究要求,如表 3-13 所示。

表 3-13　　　　　在线冲动性购买欲望量表的内部一致性信度分析

变量	问项	项已删除的 Cronbach's Alpha 值	Cronbach's Alpha
在线冲动购买欲望	YW1:一看到某些旅游产品(如景点门票、精品旅游路线等),我觉得这就是我想要的	0.749	0.781
	YW2:看到某些旅游产品(如景点门票、精品旅游路线等)的瞬间,我就想立即拥有	0.756	
	YW3:浏览该网站过程中,我发现了不在计划之内却又很想购买的旅游产品	0.733	
	YW4:浏览该网站过程中,对于一些本来不打算购买的旅游产品,产生了突然而强烈的购买冲动	0.670	

4. 效度分析

(1) 样本数据的探索性因子分析。

效度分析的对象是问卷数据的有效性。本篇利用探索性因子分析方法来测量网站特征、情绪,以及在线冲动性购买欲望变量的建构效度。

在进行因子分析之前,需要对数据进行样本 KMO 测度以及 Bartlett 球形度检验。KMO 值越接近 1,表示越适合做因子分析;小于 0.5,则说明不适合做因子分析。Bartlett 球形度检验中,如果 Sig 值为 0,拒绝原假设,表示变量之间存在相关关系,表明该样本适合做因子分析。

表 3-14 显示样本数据的 KMO 值为 0.809,Bartlett 球形度检验 Sig 值为 0.000(小于显著水平 0.05),因此,适合做因子分析。

表 3-15 给出了每个变量共同度的结果,从该表可以看出,因子分析的变量共同度都较高,说明因子分析的结果是有效的。

表 3-14　　　　　　　　样本 KMO 和 Bartlett 球形度检验

KMO 度量		0.809
Bartlett 球形度检验	近似卡方	3 150.250
	df	300
	Sig	0.000

表 3-15　　　　　　　　　样本公因子方差

变量	初始	提取
SX1	1.000	0.741
SX2	1.000	0.760
SX3	1.000	0.552
SJ1	1.000	0.490
SJ2	1.000	0.779
SJ3	1.000	0.716
HD1	1.000	0.478
HD2	1.000	0.655
HD3	1.000	0.704
ZS1	1.000	0.855
ZS2	1.000	0.883
ZS3	1.000	0.759
AQ1	1.000	0.583

续表

变量	初始	提取
AQ2	1.000	0.888
AQ3	1.000	0.697
YY1	1.000	0.729
YY2	1.000	0.610
YY3	1.000	0.897
HX1	1.000	0.786
HX2	1.000	0.853
HX3	1.000	0.863
XR1	1.000	0.809
XR2	1.000	0.868
XR3	1.000	0.619
YW1	1.000	0.733
YW2	1.000	0.589
YW3	1.000	0.655
YW4	1.000	0.831

表 3-16 给出了因子贡献率的结果，有 6 个因子的特征值大于 1，并且前 6 个因子的特征值之和占总特征值的 72.799%（大于 70%），因而可以考虑提取前 6 个因子作为主因子。

表 3-16　　　　　　　　　　样本解释总方差

成分	初始特征值 合计	初始特征值 方差的%	初始特征值 累积%	提取平方和载入 合计	提取平方和载入 方差的%	提取平方和载入 累积%	旋转平方和载入 合计	旋转平方和载入 方差的%	旋转平方和载入 累积%
1	9.794	34.978	34.978	9.794	34.978	34.978	5.789	20.674	20.674
2	3.237	11.559	46.537	3.237	11.559	46.537	4.097	14.630	35.305
3	2.555	9.124	55.661	2.555	9.124	55.661	3.516	12.557	47.862
4	2.112	7.543	63.204	2.112	7.543	63.204	3.494	12.477	60.339
5	1.511	5.396	68.600	1.511	5.396	68.600	2.245	8.019	68.358
6	1.176	4.199	72.799	1.176	4.199	72.799	1.243	4.441	72.799
7	0.949	3.390	76.189						

续表

成分	初始特征值			提取平方和载入			旋转平方和载入		
	合计	方差的%	累积%	合计	方差的%	累积%	合计	方差的%	累积%
8	0.817	2.916	79.105						
9	0.791	2.825	81.930						
10	0.664	2.370	84.300						
11	0.581	2.075	86.375						
12	0.521	1.861	88.236						
13	0.477	1.702	89.939						
14	0.416	1.487	91.426						
15	0.371	1.326	92.752						
16	0.334	1.194	93.946						
17	0.305	1.088	95.034						
18	0.286	1.020	96.054						
19	0.202	0.723	96.777						
20	0.174	0.622	97.400						
21	0.169	0.603	98.002						
22	0.132	0.472	98.474						
23	0.112	0.401	98.875						
24	0.099	0.354	99.230						
25	0.078	0.280	99.510						
26	0.059	0.211	99.720						
27	0.044	0.156	99.877						
28	0.034	0.123	100.000						

为了方便解释因子含义，需要进行因子旋转，表3-17是旋转后的成分矩阵，删除了测量问项中因子载荷值小于0.5的问项。表3-17显示所提取的6个因子的载荷值都大于0.5，且前面表格显示该6个因子共同解释了72.799%的方差，表明该问卷具有较高的效度。

表3-17 样本旋转成分矩阵

变量	成分					
	1	2	3	4	5	6
SX1	0.676	0.187	0.185	0.270	0.270	0.263
SX2	0.649	0.190	0.219	0.184	0.470	-0.003

续表

变量	成分					
	1	2	3	4	5	6
SX3	0.265	0.316	0.094	0.038	0.556	0.251
SJ1	0.554	0.246	-0.064	0.166	0.294	0.062
SJ2	0.325	0.242	-0.026	0.746	0.182	0.157
SJ3	0.336	-0.082	0.162	0.010	0.755	-0.002
HD1	-0.003	0.663	0.000	0.051	0.186	-0.035
HD2	-0.008	0.772	0.134	0.133	-0.042	0.148
HD3	0.249	0.190	0.364	-0.056	0.315	0.609
ZS1	0.324	0.097	0.775	-0.023	-0.020	0.374
ZS2	0.076	0.470	0.037	0.633	0.471	-0.179
ZS3	-0.024	0.118	0.084	-0.848	0.079	0.114
AQ1	-0.258	0.214	0.673	0.027	0.124	0.047
AQ2	0.257	0.098	0.564	0.695	0.079	-0.068
AQ3	-0.086	0.462	0.263	0.591	-0.163	0.176
YY1	0.629	-0.403	0.292	0.216	0.155	-0.121
YY2	0.536	0.331	0.039	0.386	0.121	0.220
YY3	0.122	-0.078	0.793	0.213	0.425	-0.148
HX1	0.708	0.495	0.078	0.148	-0.023	0.103
HX2	0.478	0.779	0.014	0.054	0.117	-0.032
HX3	0.319	0.053	0.868	-0.027	-0.054	0.020
XR1	0.251	0.614	0.125	0.590	0.064	0.033
XR2	0.313	0.603	0.407	0.269	-0.401	-0.084
XR3	0.716	-0.150	0.025	0.032	0.001	0.286
YW1	0.404	0.698	0.233	0.002	0.187	-0.482
YW2	0.642	0.201	0.008	-0.231	0.210	-0.196
YW3	0.797	0.024	0.113	0.035	0.019	-0.074
YW4	0.765	0.173	0.264	0.286	0.247	-0.059

(2) 网站特征的探索性因子分析。

由表 3-18 可以看出，网站特征量表的 KMO 为 0.733，Bartlett 球形度检验为 0.000，适合做因子分析。通过对网站特征的 12 个测量问项进行因子分析，结果显示各因子之间的测量项并无交叉，4 个因子共同解释了 71.769% 的方差，旋转后的因子载荷值都大于 0.5，表明网站特征的测量问项效度较高。进一步分析发现，问项均载到了预期的因子之上，命名过程可以省略。

表 3-18　　　　网站特征的探索性因子分析（旋转成分矩阵）

变量	成分			
	1	2	3	4
SX1	0.766	0.252	-0.124	-0.101
SX2	0.764	0.303	-0.269	-0.026
SX3	0.583	0.322	-0.038	0.241
SJ1	0.576	0.220	-0.392	0.081
SJ2	0.731	-0.350	-0.272	-0.104
SJ3	0.490	0.598	-0.312	-0.039
HD1	0.380	-0.140	0.190	0.680
HD2	0.484	-0.189	0.342	0.504
HD3	0.549	0.450	0.268	-0.040
ZS1	0.511	0.369	0.485	-0.405
ZS2	0.736	-0.388	-0.141	0.264
ZS3	-0.329	0.694	0.331	0.320
AQ1	0.280	0.021	0.707	-0.155
AQ2	0.746	-0.320	0.094	-0.350
AQ3	0.529	-0.514	0.401	-0.099
KMO		0.733		
Bartlett 球形度检验近似卡方		827.860		
Sig		0.000		
累计方差解释百分比		71.769%		

(3) 体验的探索性因子分析。

由表 3-19 可以看出，体验量表的 KMO 为 0.712，Bartlett 球形度检验为 0.000，适合做因子分析。通过对体验的 9 个测量问项进行因子分析，结果显示各因子之间的测量项并无交叉，3 个因子共同解释了 76.231% 的方差，旋转后的因子载荷值都大于 0.5，表明体验主要由这 3 个因子构成，且有较高效度。进一步分析发现，问项均载到了预期的因子之上，命名过程可以省略。

表 3-19　　　　　体验变量的探索性因子分析（旋转成分矩阵）

测量问项	体验 1	体验 2	体验 3
YY1	-0.045	0.471	0.720
YY2	0.653	0.061	0.438
YY3	0.061	0.907	0.117
HX1	0.789	0.009	0.471
HX2	0.874	0.003	0.063
HX3	0.231	0.869	0.097
XR1	0.839	0.147	0.004
XR2	0.777	0.330	-0.088
XR3	0.164	0.004	0.868
KMO	0.712		
Bartlett 球形度检验近似卡方	785.295		
Sig	0.000		
累计方差解释百分比	76.231%		

（4）在线冲动性购买欲望的探索性因子分析。

由表 3-20 可以看出，在线冲动性购买欲望量表的 KMO 为 0.717，Bartlett 球形度检验为 0.000，适合做因子分析。对在线冲动性购买欲望的 4 个测量问项进行因子分析，结果显示各因子之间的测量项并无交叉，3 个因子共同解释了 71.121% 的方差，旋转后的因子载荷值均大于 0.5，表明在线冲动性购买欲望的量表测量的是同一个因子，且该变量的量表具有较高效度。进一步分析发现，问项均载到了预期的因子之上，命名过程可以省略。

表 3-20　在线冲动购买欲望变量的探索性因子分析（旋转成分矩阵）

测量问项	在线冲动购买欲望
	1
YW1	0.733
YW2	0.731
YW3	0.788
YW4	0.867
KMO	0.717
Bartlett 球形度检验近似卡方	199.602
Sig	0.000
累计方差解释百分比	71.121%

（三）整体结构方程模型分析

结构方程模型是在 20 世纪 70 年代由西方学者提出的，并于 20 世纪 80 年代引入中国。近些年不断发展成熟，成为重要的数据分析工具。结构方程模型假设潜变量之间存在因果关系，而这些潜变量大多不能直接测量，必须用一些观测变量来表示，是一组观测变量的线性组合。但多变量测量也带来了误差。相对于传统的回归分析而言，SEM 能同时测量多个因变量，并且允许自变量和因变量同时存在测量误差；同时，可以计算不同模型对同一个样本数据的整体拟合程度，从而选择出最合适的模型。因此，SEM 在近些年成为多元数据分析的重要工具。

本部分运用 AMOS 软件进行 SEM 分析。SPSS 的因子分析是一种探索性的因子分析；而 AMOS 属于验证性因子分析，结合了路径分析和因子分析，是更可视化的 SEM 分析工具。

本研究的有效样本数为 159（大于 100），可以进行模型分析。

1. 整体结构方程模型的构建

通过前文的信度分析、效度分析及因子分析，显示本研究中的变量具有较好的信度与效度，可以进一步分析。接下来，采用 AMOS 17.0 统计软件验证假设模型的合理性。为此，我们需要勾勒出假设模型相关的潜变量与指标的路径结构图，图 3-8 为本研究的整体结构方程模型。

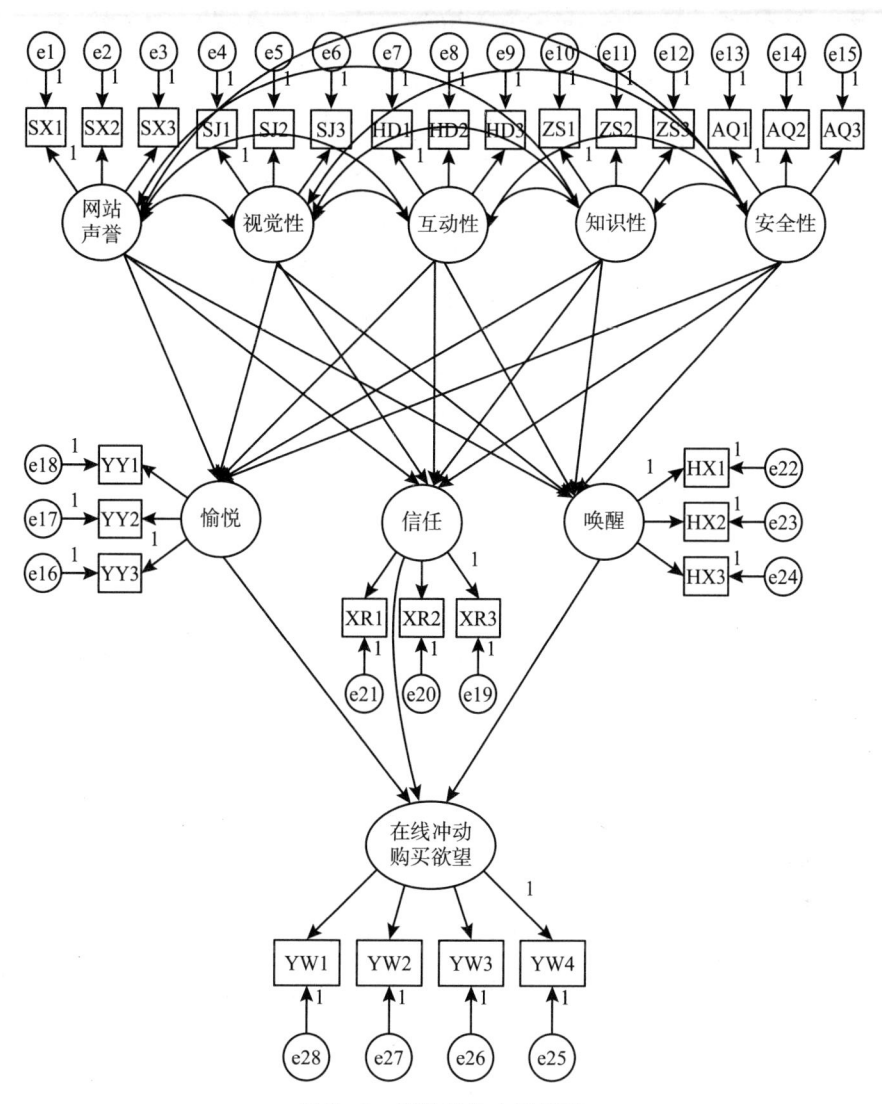

图 3-8 整体结构方程模型

2. 整体结构方程模型的初步估计与检验

在 AMOS 17.0 软件中明确了基本架构以后,开始对模型进行初步估计与检验,检验结果如图 3-9 所示,表 3-21 中分别列出了各个变量之间的标准化路径系数、C. R. 临界比和 P 检验值。

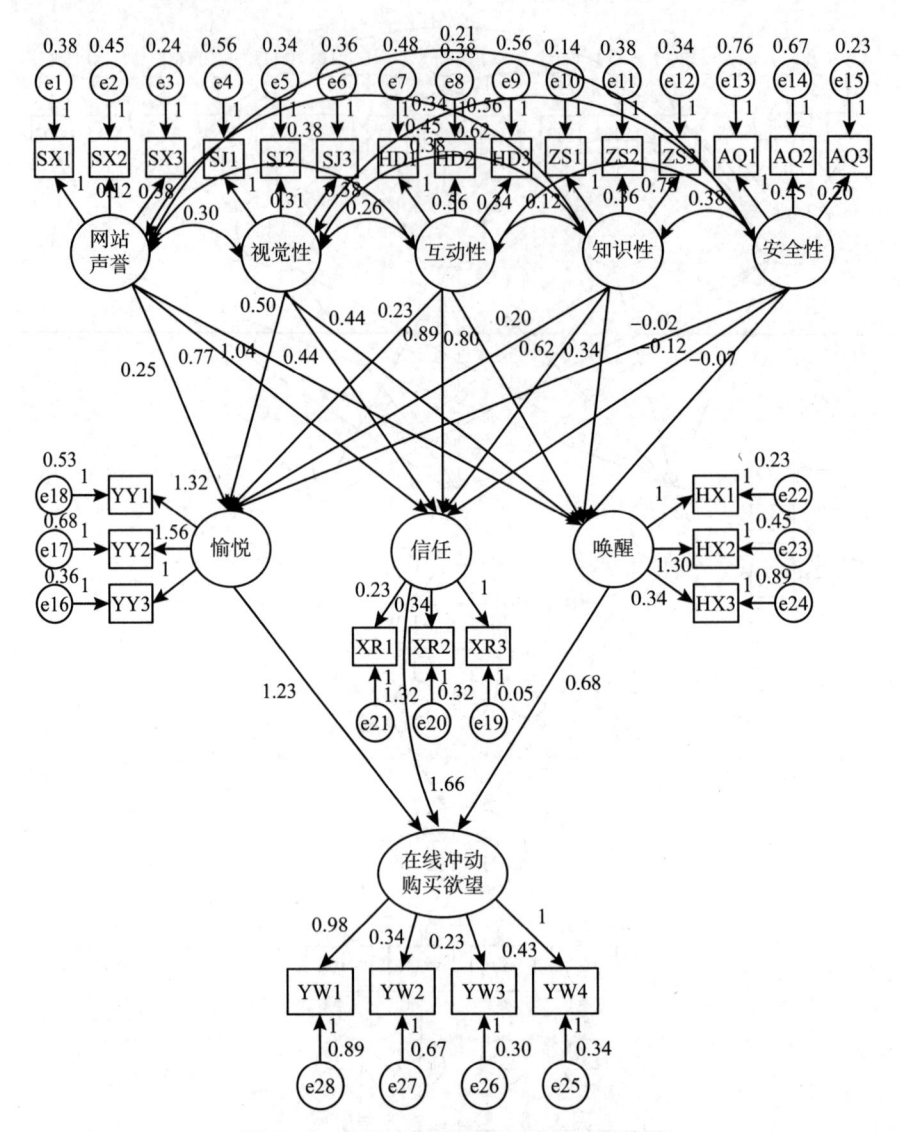

图 3-9　结构方程模型的初步估计与检验

对模型进行拟合度的分析结果如下：χ^2 自由度比为 1.256，小于 2；GFI 为 0.873，低于建议值 0.9，但是高于 0.7 的最低要求标准；RMSEA 为 0.042，小于严格标准 0.05。因此，我们认为该整体结构方程模型的拟合度可以接受。

表 3-21　　　　　　　结构方程模型的初步估计与检验

路径			标准化路径系数	C. R.	P	显著性
愉悦	<----	网站声誉	0.246	2.411	0.003	显著
愉悦	<----	视觉性	0.501	3.274	0.002	显著
愉悦	<----	互动性	0.236	3.482	0.010	显著
愉悦	<----	知识性	0.201	2.713	0.020	显著
愉悦	<----	安全性	-0.018	-1.132	0.202	不显著
信任	<----	网站声誉	0.768	3.178	0.021	显著
信任	<----	视觉性	0.439	1.354	0.013	显著
信任	<----	互动性	0.889	4.251	0.019	显著
信任	<----	知识性	0.621	3.234	0.002	显著
信任	<----	安全性	-0.118	-1.811	0.087	不显著
唤醒	<----	网站声誉	1.043	0.987	0.024	显著
唤醒	<----	视觉性	1.657	0.872	0.045	显著
唤醒	<----	互动性	0.803	1.321	0.012	显著
唤醒	<----	知识性	0.341	0.989	0.024	显著
唤醒	<----	安全性	-0.066	-1.219	0.208	不显著
在线冲动性购买欲望	<----	愉悦	1.234	4.125	***	显著
在线冲动性购买欲望	<----	信任	1.657	1.451	0.019	显著
在线冲动性购买欲望	<----	唤醒	0.675	3.421	***	显著

拟合度配适指标值：χ^2 自由度比 = 1.256, GFI = 0.873, RMSEA = 0.042

注：C. R. 是临界比率值，相当于 t 值或 z 值。如果 t > 1.95，则 P < 0.05；如果 t > 2.58，则 P < 0.01。*** 表示 P < 0.001。

由图 3-9 和表 3-21 我们可以看出：网站声誉对愉悦情绪影响显著，影响系数为 0.246，P 检验为 0.003；视觉性对愉悦情绪影响显著，影响系数为 0.501，P 检验为 0.002；互动性对愉悦情绪影响显著，影响系数为 0.236，P 检验为 0.010；知识性对愉悦情绪影响显著，影响系数为 0.201，P 检验为 0.020；网站声誉对信任影响显著，影响系数为 0.768，P 检验为 0.021；视觉性对信任影响显著，影响系数为 0.439，P 检验为 0.013；互动性对信任影响显著，影响系数为 0.889，P 检验为 0.019；知识性对信任影响显著，影响系数为 0.621，P 检验为 0.002；网站声誉对唤醒情绪影响显著，影响系数为 1.043，P 检验为 0.024；视觉性对唤醒情绪影响显著，影响系数为 1.657，P 检验为 0.045；互动性对唤醒情绪影响显著，影响系数为 0.803，P 检验为 0.012；知识性对唤醒情绪影响显著，影响系数为 0.341，P 检验为 0.024；愉悦情绪对在线冲动性购买欲望影响显著，影响系数为 1.234，P 检验小于 0.001；唤醒情绪对在线冲动性购买欲望影响显著，影响系数为 0.675，P 检验小于 0.001；信任对在线冲动性购买欲望影响显著，影响系数为 1.657，P 检验为 0.019。

路径系数的显著性水平显示：安全性对愉悦情绪、唤醒情绪及信任的影响均不显著，安全性对愉悦情绪的影响系数是 -0.018，P 检验为 0.087；安全性对唤醒情绪的影响系数是 -0.066，P 检验为 0.208；安全性对信任的影响系数是 -0.118，P 检验为 0.087。

经过初步的估计和检验，除了安全性对情绪的影响不显著外，其余假设均得到了支持。随着网络安全技术的发展、成熟以及人们网购经验的增加，安全性已经基本能到得到保障，安全性已经不再是消费者网络购物时关注的重点，因此，安全性对消费者情绪影响不大也是可以理解的。鉴于初步检验的结果，对于不显著支持的路径，需要删除，然后再对模型进行重新估计和检验。

3. 修改后的结构方程模型的估计和检验

由于安全性不显著，我们剔除这一影响因素后构建出了新的结构方程模型，如图 3-10 所示。

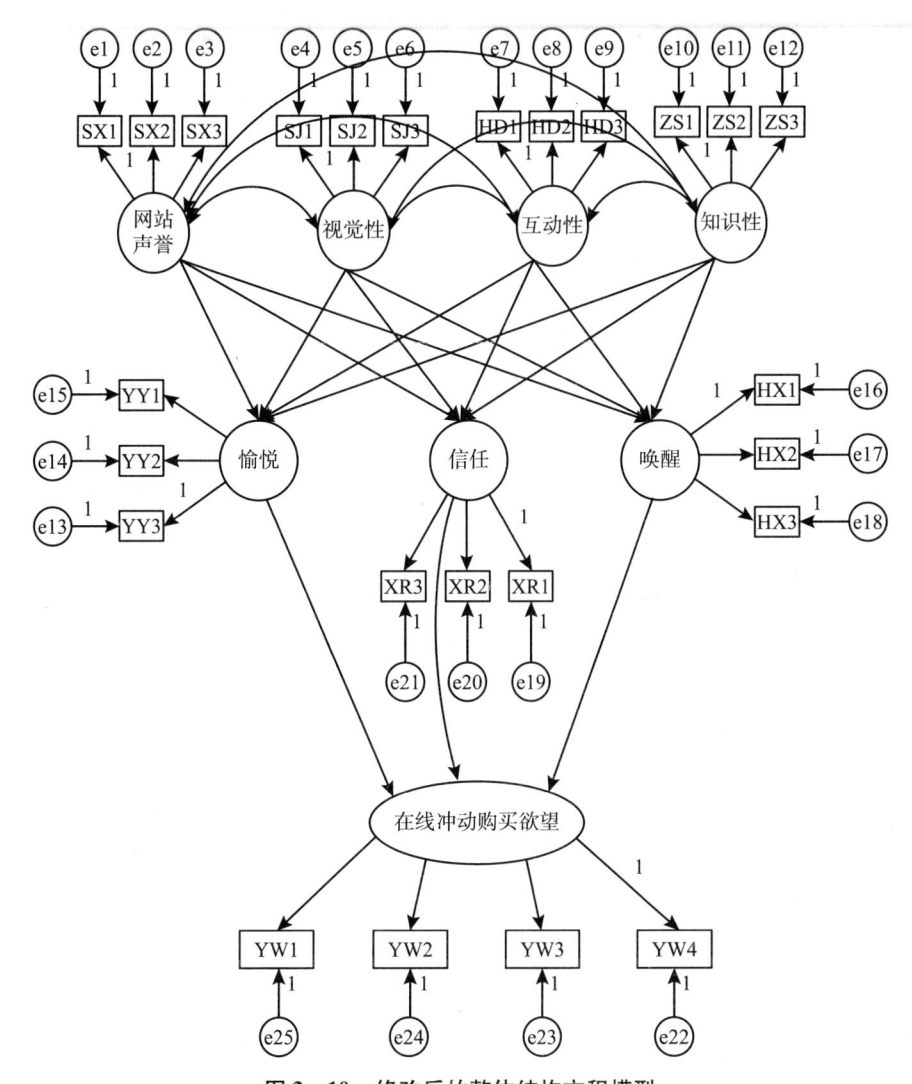

图 3-10　修改后的整体结构方程模型

利用 AMOS 软件对修改后的模型进行估计和检验，调整后的模型路径估计、C.R. 临界比及 P 检验值如图 3-11 和表 3-22 所示。

对模型进行拟合度分析的结果如下：χ^2 自由度比为 1.418，小于 2；GFI 为 0.912，大于建议值 0.9；RMSEA 为 0.046，小于严格标准 0.05。因此，我们认为调整后的整体结构方程模型的拟合度可以接受。

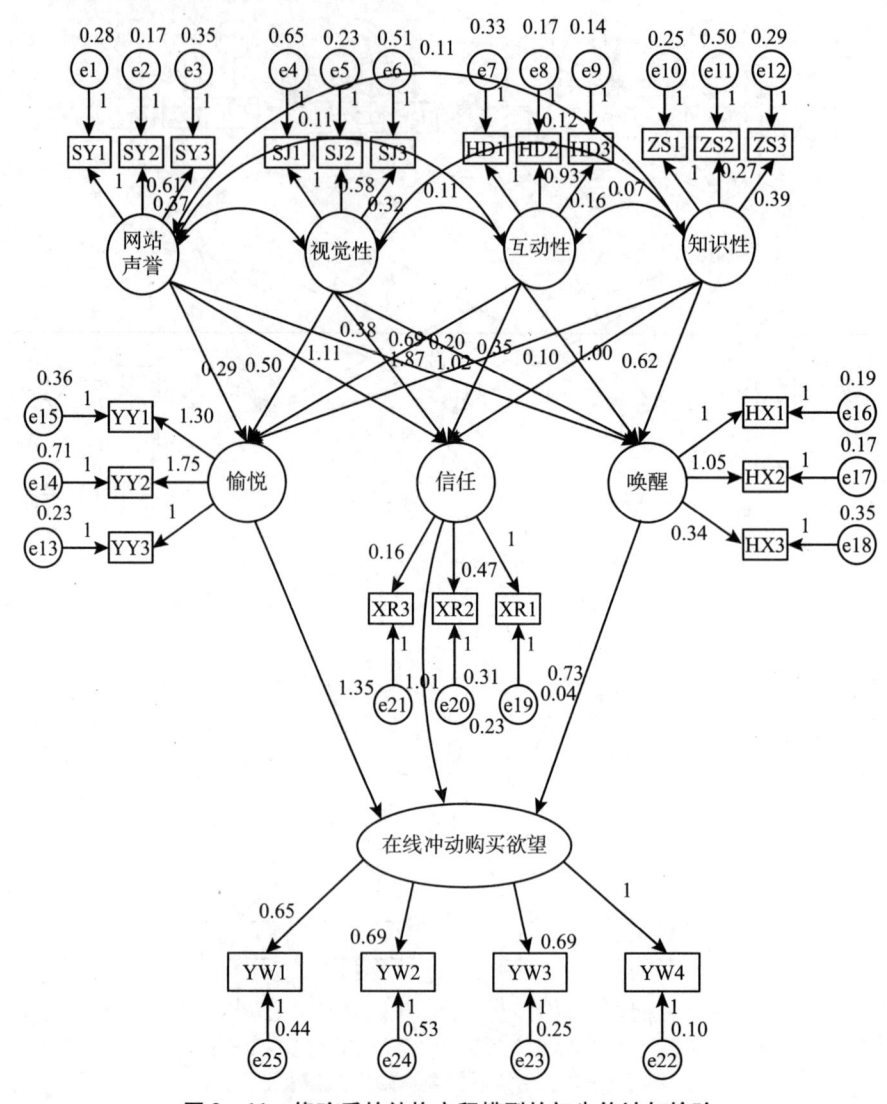

图 3-11　修改后的结构方程模型的初步估计与检验

表 3-22　　　　　　修改后的结构方程模型的估计与检验

路径			标准化路径系数	C. R.	P	显著性
愉悦	<----	网站声誉	0.292	2.477	0.013	显著
愉悦	<----	视觉性	0.496	3.087	0.002	显著
愉悦	<----	互动性	0.326	3.058	0.002	显著

续表

路径			标准化路径系数	C. R.	P	显著性
愉悦	<----	知识性	0.200	2.317	0.020	显著
信任	<----	网站声誉	1.106	3.451	***	显著
信任	<----	视觉性	1.870	4.362	***	显著
信任	<----	互动性	1.015	3.876	***	显著
信任	<----	知识性	0.096	0.434	0.664	不显著
唤醒	<----	网站声誉	0.688	3.950	***	显著
唤醒	<----	视觉性	0.349	1.553	0.021	显著
唤醒	<----	互动性	0.995	5.551	***	显著
唤醒	<----	知识性	0.621	3.804	***	显著
在线冲动购买欲望	<----	愉悦	1.350	6.704	***	显著
在线冲动购买欲望	<----	信任	0.305	3.627	***	显著
在线冲动购买欲望	<----	唤醒	0.727	6.158	***	显著

拟合度配适指标值：χ^2 自由度比 = 1.418，GFI = 0.912，RMSEA = 0.046

注：C. R. 是临界比率值，相当于 t 值或 z 值。如果 t > 1.95，则 P < 0.05；如果 t > 2.58，则 P < 0.01。*** 表示 P < 0.001。

从表 3 - 22 我们可以看出：网站声誉对愉悦情绪影响显著，影响系数为 0.292，P 检验为 0.013；视觉性对愉悦情绪影响显著，影响系数为 0.496，P 检验为 0.002；互动性对愉悦情绪影响显著，影响系数为 0.326，P 检验为 0.002；知识性对愉悦情绪影响显著，影响系数为 0.200，P 检验为 0.020；网站声誉对信任影响显著，影响系数为 1.106，P 检验 < 0.001；视觉性对信任影响显著，影响系数为 1.870，P 检验 < 0.001；互动性对信任影响显著，影响系数为 1.015，P 检验 < 0.001；网站声誉对唤醒情绪影响显著，影响系数为 0.688，P 检验 < 0.001；视觉性对唤醒情绪影响显著，影响系数为 0.349，P 检验为 0.021；互动性对唤醒情绪影响显著，影响系数为 0.995，P 检验 < 0.001；知识性对唤醒情绪影响显著，影响系数为 0.621，P 检验 < 0.001。愉悦情绪对在线冲动性购买欲望影响显著，影响系数为 1.350，P 检验 < 0.001；唤醒情绪对在线冲动性购买欲望影响显著，影响系数为 0.727，P 检验 < 0.001；信任对在线冲动性购买欲望影响显著，影响系数为 0.305，P 检验为 0.019。

知识性对信任的影响不显著,仅为0.096,且P检验值较高为0.664,该假设无法得到支持。诚如情绪文献综述中所言,本篇所使用的信任为情感性信任,相信认知型信任与网站知识性之间的联系会更为紧密。除了知识性对信任的影响不显著外,其他假设路径均得到了数据的支持。

4. 两个模型的估计检验结果比较

通过对初始模型及调整后模型的估计和检验,调整后的模型在 χ^2 自由度比、GFI 及 RMSEA 拟合度指标上都要优于初始模型。根据拟合度精确性以及模型的简单性原理,调整后的模型更佳。因此,修正本篇最初提出的模型,得出最终的研究模型,如图 3-12 所示。

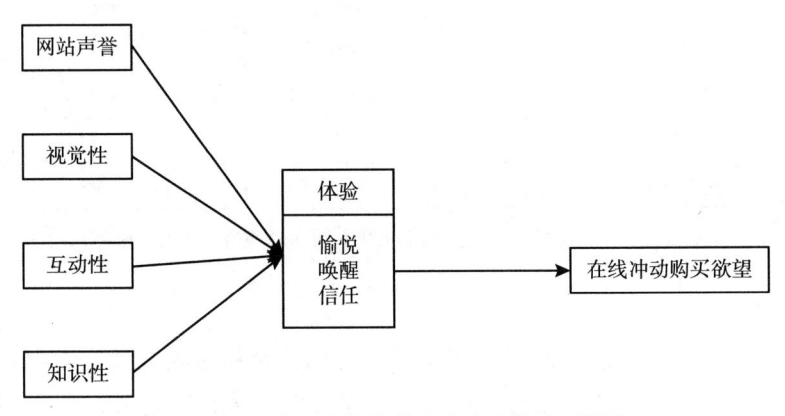

图 3-12 修改后的旅游网站冲动性购买模型

5. 模型假设检验结果

根据前面的分析,对于本篇所有假设,验证情况如表 3-23 所示。

表 3-23 　　　　　　　　　模型假设检验结果

假设编号	假设内容	是否支持
H1a	旅游网站声誉对消费者愉悦情绪有正向影响	支持
H1b	旅游网站声誉对消费者唤醒情绪有正向影响	支持
H1c	旅游网站声誉对消费者信任有正向影响	支持
H2a	旅游网站视觉性对消费者愉悦情绪有正向影响	支持
H2b	旅游网站视觉性对消费者唤醒情绪有正向影响	支持

续表

假设编号	假设内容	是否支持
H2c	旅游网站视觉性对消费者信任有正向影响	支持
H3a	旅游网站互动性对消费者愉悦情绪有正向影响	支持
H3b	旅游网站互动性对消费者唤醒情绪有正向影响	支持
H3c	旅游网站互动性对消费者信任有正向影响	支持
H4a	旅游网站知识性对消费者愉悦情绪有正向影响	支持
H4b	旅游网站知识性对消费者唤醒情绪有正向影响	支持
H4c	旅游网站知识性对消费者信任有正向影响	不支持
H5a	旅游网站安全性对消费者愉悦情绪有正向影响	不支持
H5b	旅游网站安全性对消费者唤醒情绪有正向影响	不支持
H5c	旅游网站安全性对消费者信任有正向影响	不支持
H6a	愉悦情绪对在线冲动购买欲望有正向影响	支持
H6b	唤醒情绪对在线冲动购买欲望有正向影响	支持
H6c	信任对在线冲动购买欲望有正向影响	支持

六、研究结论与管理建议

（一）研究结论

1. 网站特征与体验之间的关系

实证结果表明，旅游网站特征中的网站声誉、视觉性和互动性均会显著引起消费者的愉悦、唤醒和信任反应，知识性会显著引起消费者的愉悦和唤醒情绪，但是对信任的影响不显著，安全性对消费者的愉悦、唤醒和信任的影响均不显著。

（1）旅游网站声誉正向影响消费者的愉悦、唤醒和信任。

旅游网站声誉的好坏对消费者的情感反应（情绪）起到了重要的作用。旅游网站的声誉越好，越容易激发消费者的愉悦、唤醒和信任。其中，网站声誉对消费者的信任影响最大。

（2）旅游网站的视觉性正向影响消费者的愉悦、唤醒和信任。

旅游网站的外观设计对消费者的情感反应有重要作用，能直接影响消费者在浏览该网站过程中的情绪反应。其中，视觉性对网站信任的影响程度最大。

网站视觉设计可以增进消费者舒适和愉悦的心情，网站视觉设计的吸引力越大，越能让消费者感到心情愉悦，进而刺激冲动性购买。

（3）旅游网站的互动性正向影响消费者的愉悦、唤醒和信任。

旅游网站和消费者之间的沟通，以及消费者和消费者之间的交流能够直接影响到消费者在浏览购买过程中的情感反应。其中，互动性对信任的影响程度最大。互动性满足了消费者的社会需求，消费者之间的交流也能唤起购买欲望。

（4）旅游网站的知识性正向影响消费者的愉悦和唤醒情绪，但对信任的影响不显著。

旅游网站产品的丰富知识性能够直接影响到消费者的愉悦和唤醒情绪，但是并没有明显引起消费者的信任。其中，知识性对唤醒情绪的影响程度最大。考虑到旅游产品的特殊性，旅游产品较一般产品来说较为抽象，消费者在浏览购买过程中还是会不自觉地将旅游网站与传统的实体旅行社相比较，传统的旅行社工作人员能够面对面详尽地告知产品信息。

（5）旅游网站的安全性对消费者的愉悦、唤醒和信任的影响均不显著。

尽管以往的较多研究已经证实，正面安全性能够引起消费者的情感反应，但是在本研究中，安全性对情绪的影响并没有得到数据支持。随着电子商务安全机制的不断完善和发展，安全性已经不再是消费者考虑选择某一网站购物的重要因素，其影响作用也不再显著。

2. 体验与在线冲动性购买欲望之间的关系

本部分实证结果表明，由旅游网站特征引起的消费者愉悦、唤醒和信任均显著影响在线冲动性购买欲望。也就是说，消费者在浏览网站的过程中，受到网站特征的刺激而引起的愉悦、唤醒和信任越强，冲动性购买欲望则越大。

这一点与学者们的研究一致。消费者受到刺激后产生较强的情感反应，进而产生冲动性购买的驱力，若自我控制较低，冲动性购买行为就发生了。多诺万（Donovan，1982）研究认为，冲动性购买行为的原因是消费者在浏览商品的过程中产生了享乐因素，这种愉悦情绪会使消费者购买本来没有打算购买的商品。鲁克（Rook，1987）指出，消费者无法控制自己产生冲动性购买意愿的原因是其在浏览购物过程中会产生兴奋、愉悦的感受，鲁克将冲动性购买情绪描述为是突然且暂时的，会使人不自觉地朝着收银台走去。拉塞尔和普拉特（Russell & Pratt，1980）认为，消费者在购物过程中产生的兴奋情绪是由愉悦和唤醒维度延伸出来的。扎文（Jarven，1999）研究指出，消费者对网站的信任会降低感知风险，从而正向影响购买态度，引起冲动性购买行为。

总体上，由旅游网站特征引起的消费者愉悦、唤醒和信任会增加冲动性购买欲望。

（二）对策建议

根据本部分的实证研究结果，对旅游产品网络零售商特提出以下建议：

1. 加强旅游网站的声誉建设

声誉是电子商务企业的生命线，是决定电子商务企业成败的关键。信誉不好或者诚信度不够是网络购物的关键障碍。建立正面的网站声誉、形象，能让消费者信任网站，能使消费者保持忠诚；良好的网站声誉能得到消费者的认可，这样也可以相对节约网站在其他如广告、配送等方面的投入成本。网络旅游零售商在消费者心里树立网站声誉，才能最大限度地获得顾客的支持和认可。

2. 加强旅游网站的视觉性设计

旅游网站的视觉性设计直接影响到消费者的用户情感体验。如果把一个网站比作人，那么视觉性就如同人的脸，脸的好看与否对用户的体验评价相当重要。在进行网站视觉性设计的时候，遵循的基本原则就是要考虑消费者的最终体验度。由于互联网的虚拟特性，网络消费者在选择商品时无法实际触摸商品，因而有可能降低消费者在选购商品时的购物体验。当然，消费者可以通过其他方面来感受商品。事实上，互联网具备其他刺激因素（如吸引消费者注意力的动画图片、意见领袖的推荐、具备丰富想象力的商品描述文字、微博推荐、网络购物资讯、其他消费者的购物体验分享等），这些都可能引发消费者在浏览时的情绪体验，促使消费者突然出现难以抑制的购买冲动。

3. 增强互动性，打造一流的交流平台

为了更好地凸显互动性在冲动性购买中的作用，网络旅游零售商应该从如下两个方面着手：首先，建立消费者和旅游网站之间快速交流的通道，如网络客服、免费咨询热线及聊天室等；其次，建立消费者之间相互交流沟通的平台，如论坛和社区等，以此来增加消费者对旅游网站的集体认同感。

4. 提高产品知识性，增强网站吸引力

产品永远是旅游网站的核心。提高产品知识性对于刺激冲动性购买欲望相当重要。旅游网站可以从两个方面提高产品的知识性：首先，要尽可能丰富旅游产品信息，旅游产品较普通产品更为抽象，所以要尽可能地对旅游产品进行详细描述；其次，要加强对旅游产品周边信息（如相关的民风民俗及人文风情等）的宣传，增强旅游产品的象征意义。

（三）研究创新、不足与展望

1. 研究创新

本研究的创新点主要体现在以下三个方面：

首先，是研究内容的创新。通过对中外文数据库文献的搜索发现，以旅游网站为研究对象的冲动性购买行为的研究非常少。本部分以旅游网站为研究对象，以网络购物冲动性购买行为为切入点，考虑到旅游网络购物的特殊性，将网站特征的旅游网站声誉和视觉性因素纳入冲动性购买的形成机理模型。

其次，借鉴多理论和多模型构建了冲动性购买的形成机理模型。以往从信息学（认识视角）视角研究网络冲动性购买往往采用技术接受模型，但解释效果较差。本部分结合环境心理学的刺激反应模型及信息学的技术接受模型，构建了在线旅游产品冲动性购买的形成机理模型。

最后，有效识别出旅游网站特征的维度及对应内容。以往的消费者行为研究在网站特征的具体内容和数量上差异很大，本篇通过与旅游网站合作，经过深度访谈和结合文献整理，识别出最具代表性的旅游网站特征，并通过对问卷调查后数据的结构方程初步验证，保留四大关键特征。

2. 研究不足与展望

本部分的研究不足和未来研究展望主要有以下两个方面：

首先，研究方法有待进一步改进。本篇的数据收集方法为问卷调查法，限于样本数量不足且代表性不够。建议后续研究增加样本数量并提升样本代表性。当然，个性研究十分必要，建议后续研究在实证分析的基础上辅以深度访谈或采用案例研究方法，这样可以使研究更加细致、深入。

其次，冲动性购买欲望同冲动性购买行为间的关系有待进一步研究。本部分的最终因变量为在线冲动性购买欲望，并没有探讨在线冲动性购买行为。建议后续研究在同一框架体系内进一步探讨冲动性购买欲望与冲动性购买行为间的关系，以及中间可能的调节因素。

附 录 调 查 问 卷

尊敬的女士/先生：

您好，感谢您百忙之中抽出时间作答本问卷！

这是一份有关在线旅游产品冲动性购买研究的学术问卷，本问卷采取匿名发放和作答，所有信息只供学术研究而绝不对外公开，请您予以协助并安心作答，您的选择对本研究有重大意义，感谢您的支持！

请注意：填写本问卷时，请回忆最近一次通过旅游网站购买旅游产品的经历，本调查问卷的所有问项都是针对这一个旅游网站而言的，答案没有对错之分，请根据实际情况填写（在对应选项上面画"√"即可）。

请问您是否通过旅游网站（如携程、去哪儿、途牛、穷游、驴妈妈等）购买过旅游产品（如机票、酒店、旅游路线、景点门票、租车等）？

口是（进入正式问卷部分）　　　口否（问卷调查到此结束，感谢您的作答）

第一部分：请根据您最近一次购买旅游产品的旅游网站情况来回答以下问题

1. 旅游网站声誉

		非常不同意	不同意	不确定	同意	非常同意
网站声誉	1. 该网站具有较高知名度，我身边的大多数人都知晓该网站	1	2	3	4	5
	2. 能经常看到该网站及其产品的广告和宣传	1	2	3	4	5
	3. 该网站的产品和服务具有良好口碑	1	2	3	4	5

2. 旅游网站视觉性

		非常不同意	不同意	不确定	同意	非常同意
视觉性	1. 该网站非常美观，界面设计生动有趣，整体设计风格不错，我喜欢该网站的外观	1	2	3	4	5
	2. 该网站有丰富的图片、声音及视频	1	2	3	4	5
	3. 该网站展示产品的方式具有吸引力	1	2	3	4	5

3. 旅游网站互动性

		非常不同意	不同意	不确定	同意	非常同意
互动性	1. 客服对我的咨询乐意并给予耐心解答	1	2	3	4	5
	2. 我觉得客服能正确理解我的问题，并且其回复与我的咨询密切相关	1	2	3	4	5
	3. 从其他消费者购买评价中我得到了有用信息	1	2	3	4	5

4. 旅游网站知识性

		非常不同意	不同意	不确定	同意	非常同意
知识性	1. 该网站产品种类丰富且分类清晰	1	2	3	4	5
	2. 该网站产品资讯时常更新	1	2	3	4	5
	3. 该网站推广其他非产品相关链接（如当地旅游网站链接、知名旅游社交平台链接、当地人文地理知识介绍）	1	2	3	4	5

5. 旅游网站安全性

		非常不同意	不同意	不确定	同意	非常同意
安全性	该网站可供交易和付款方式种类较多，我能轻松找到可行的支付方式	1	2	3	4	5
	该网站有退换货的保证	1	2	3	4	5
	该网站有保护消费者隐私的措施和声明	1	2	3	4	5

第二部分：请根据您在浏览该旅游网站时的情感状态来回答以下问题

		非常不同意	不同意	不确定	同意	非常同意
愉悦	1. 在该网站浏览、购买产品让我感到开心	1	2	3	4	5
	2. 在该网站浏览、购买产品让我感到满足	1	2	3	4	5
	3. 在该网站浏览、购买产品让我感到轻松	1	2	3	4	5
唤醒	1. 我想要持续浏览该网站	1	2	3	4	5
	2. 在该网站浏览购买旅游产品让我感到有趣	1	2	3	4	5
	3. 浏览该网站会引起我购买旅游产品的欲望	1	2	3	4	5
信任	1. 我相信该网站会考虑消费者利益（如产品退换货、个人信息保护等）	1	2	3	4	5
	2. 该网站的购物环境让我觉得安全和放心	1	2	3	4	5
	3. 我相信该网站对顾客的承诺是真心诚意的	1	2	3	4	5

第三部分：请根据您在浏览该旅游网站时的实际情况来回答以下问题

		非常不同意	不同意	不确定	同意	非常同意
在线冲动性购买欲望	1. 一看到某些旅游产品（如景点门票、精品旅游路线等），我觉得这就是我想要的	1	2	3	4	5
	2. 看到某些旅游产品（如景点门票、精品旅游路线等）的瞬间，我就想立即拥有	1	2	3	4	5
	3. 浏览该网站过程中，我发现了不在计划之内却又很想购买的旅游产品	1	2	3	4	5
	4. 浏览该网站过程中，对于一些本来不打算购买的旅游产品，产生了突然而强烈的购买冲动	1	2	3	4	5

第四部分：请填写您的基本信息，选项前画"√"即可

1. 请问您的性别：
   A. 男　　　　B. 女
2. 请问您的年龄：
   A. 20 岁及以下　B. 21～30 岁　C. 31～40 岁　D. 41～50 岁
   E. 51 岁及以上
3. 请问您的学历：
   A. 初中及以下　B. 高中　　　C. 大专　　　　D. 本科
   E. 硕士及以上
4. 您网上购买旅游产品（机票、酒店、旅游路线、景点门票、租车等）的历史：
   A. 1 年以下　　B. 1～2 年　　C. 2～3 年　　D. 3 年以上

本问卷所有调查到此结束，再次谢谢您的认真填写和合作，祝您生活愉快！

参 考 文 献

[1] Abelson R P, Kinder D R & Peters M D, et al. Affective and semantic component in political person perception [J]. Journal of Personality and Social Psychology, 1982, 42: 619 – 630.

[2] Abratt R & Goodey S D. Unplanned buying and in-store stimuli in supermarkets [J]. Managerial and Decision Economics, 1990, 11: 111 – 121.

[3] Adelaar T, Chang S & Lancendorfer K M, et al. Effects of media formats in emotions and impulse buying intent [J]. Journal of Information Technology, 2003, 18: 247 – 266.

[4] Agee T & Martin B A S. Planned or impulse purchase? how to make effective informercials [J]. Journal of Adverising Research, 2001, 11/12: 35 – 42.

[5] Alba J, Lynch J & Weitz B, et al. Interactive home shopping: consumer, retailer, and manufacturer incentives to participate in electronic marketplaces [J]. The Journal of Marketing, 1997: 38 – 53.

[6] Allen C T, Machleit K A & Kleine S S. A comparison of attitudes and emotions as predictors of behavior at diverse levels of behavioral [J]. Journal of Consumer Research, 1992, 18: 493 – 504.

[7] Angus Reid Group. Shopping all over the world. http: //www. nua. ie/surveys/index. cgi? f = VS&art_id = 905355830&rel = true. 2000 (2001, 3, 15).

[8] Ainslie G W. Impulse control in pigeons [J]. Journal of the Experimental Anlysis of Behavior, 1974, 21: 485 – 489.

[9] Babin B J, Darden W R & Babin L A. Negative emotions in marketing research: affect or artifact? [J]. Journal of Business Research, 1998, 42: 271 – 285.

[10] Bagozzi R P, Gopinath M & Nyer P U. The role of emotions in marketing [J]. Journal of the Academy of Marketing Science, 1999, 27: 184 – 206.

[11] Barclay D, Higins C & Thompson R. The partial least squares approach to causal modeling: personal computer adoption and use an illustration [J]. Technology Studies, 1995, 2 (2): 285-309.

[12] Barratt E S, Patton J M. Impulsivity: cognitive, behavioral and psychophygical correlates [A]. In: Zuckerman M (eds). Biological Bases of Sensation Seeking, Impulsivity and Anxiety. Hillsdale, NJ: Lawrence Erlbaum Associates, 1983.

[13] Bayley G & Nancarrow C. Impulse purchasing: a qualitative exploration of the phenomenon [J]. Qualitative Market Research: an International Journal, 1998, 1 (2): 99-114.

[14] Baumeister R F & Heatherton T F. Self-regualtion failure: an overview [J]. Psychological Inquiry, 1996, 7: 1-15.

[15] Baumgartner H & Steenkamp J-B E M. Exploratory consumer buying behavior: conceptualization and measurement [J]. International Journal of Research in Marketing, 1996, 13: 121-137.

[16] Beatty S E & Ferrell M E. Impulse buying: modeling its precursors [J]. Journal of Retailing, 1998, 74 (2): 169-191.

[17] Bellenger D N, Robertson D H & Hirschman E C. Impulse buying varies by product [J]. Journal of Advertising Research, 1978, 18 (6): 15-18.

[18] Belk R W. Application of mood inducement in buyer behavior: comments [J]. Advances in Consumer Research, 1984, 11: 544-547.

[19] Belk R W. Situational variables and consumer Behaavior [J]. Journal of Consumer Research, 1975, 2: 157-164.

[20] Blattberg R C, Deighton J. Manage marketing by the customer equity test [J]. Harvard business review, 1996, 74 (4): 136-140.

[21] Bless H, Clore G L & Schwarz N, et al. Mood and the use of scripts: does a happy mood really lead to mindlessness? [J]. Journal of Personality and Social Psychology Bulletin, 1996, 71: 665-679.

[22] Bloch P H & Richins M L. Shopping without purchase: an investigation of consumer browsing behavior [J]. Advances in Consumer Research, 1983b, 10: 389-393.

[23] Bower G, Gilligan S & Monteiro K. Selectivity of learning caused by af-

fective states [J]. Journal of Experimental Psychology: General, 1981, 110: 451 - 473.

[24] Brahams B. It's all in the mind [J]. Marketing, 1997, 27: 31 - 33.

[25] Brohan M. The top 500 guide [J]. Internet Retailer, 2007, 7: 6 - 12.

[26] Burroughs J E. Product symbolism, self-meaning and holistic matching: the role of information processing in impulsive buying [J]. Advances in Consumer Research, 1996, 23: 463 - 469.

[27] Chen T. Online Impulse buying and product involvement [J]. Communications of the IBIMA, 2008, 5: 74 - 81.

[28] Churchill G A. A paradigm for developing better measures of marketing construct [J]. Journal of Marketing Research, 1979, 16 (1): 64 - 73.

[29] Clark M S & Isen A M. Towards understanding the relationship between feeling states and social behavior [A]. In Hastorf A, Isen A (eds). Cognitive Social Psychology [C]. New York: Elsevier/North Holland, 198.

[30] Clover V T. Relative importance of impulse buying in retail stores [J]. Journal of Marketing, 1950, 25: 66 - 77.

[31] Cobb C J & Hoyer W D. Planned versus impulse purchase behavior [J]. Journal of Retailing, 1986, 62 (4): 384 - 409.

[32] Coley A & Burgess B. Gender differences in cognitive and affective impulse buying [J]. Journal of Fanshion Marketing and Management, 2003, 7 (3): 282 - 295.

[33] Davis F D. Perceived Usefulness, Perceived Ease of Use and User Acceptance of Information Technology [J]. MIS Quarterly, 1989: 319 - 340.

[34] Dawson S & Kim M. Cues on apparel websites that trigger impulse purchases [J]. Journal of Fashion Marketing and Merchandising, 2010, 14 (2): 230 - 246.

[35] Dawson S & Kim M. External and internal trigger cues of impulse buying online [J]. Direct Marketing: An International Journal, 2009, 3 (1): 20 - 34.

[36] D' Astous A, Maltais J & Roberge C. Compulsive buying tendencies of adolescent consumer [J]. Advances in Consumer Research, 1990, 17: 306 - 312.

[37] D' Atoni J, Joseph S & Shenson H L. Impulse buying revisited: a behavioral typology [J]. Journal of Retailing, 1973, 49 (1): 63 - 76.

[38] Deci E L. Making room for self-regulation: some thoughts on the link between emotion and behavior [J]. Psychological Inquiry, 1996, 7 (3): 220 – 223.

[39] Derbaix C & Pham M. Affective reactions to consumption situations: a pilot investigation [J]. Journal of Economic Psychology, 1990, 12: 325 – 355.

[40] Dholakia U M. Temptation and resistance: an integrated model of consumption impulse formation and enactment [J]. Psychology and Marketing, 2000, 17 (11): 955 – 982.

[41] Dittmar H, Beattie J & Friese S. Gender identity and material symbols: objects and decision considerations in impulse purchases [J]. Journal of Economic Psychology, 1995, 16: 491 – 511.

[42] Dittmar H, Beattie J & Friese S. Objects, decision considerations and self-image in men's and women's impulse purchases [J]. Acta Psychological, 1996, 93: 187 – 206.

[43] Donthu N & Garcia A. The internet shopper [J]. Journal of Advertising Research, 1999, 39 (3): 52 – 58.

[44] Donovan R J, Rossiter J R & Nesdale M G. Store atmosphere and purchasing behavior [J]. Journal of Retailing, 1997, 70 (3): 283 – 294.

[45] Dutta R, Jarvenpaa S & Tomak K. Impact of feedback and usability of online payment process on consumer decision making [C]. In Proceedings of the 24th International Conference in Information Systems. Seattle, WA, 2003: 15 – 24.

[46] Elliott R. A model of emotion-driven choice [J]. Journal of Marketing Management, 1998, 14: 95 – 108.

[47] Eun Joo Park, Eun Young Kim, Venessa Martin Funches, et al. Apparel product attributes, web browsing and e-impulse buying on shopping websites [J]. Journal of Business Research, 2011, 2 (43): 1 – 7.

[48] Fishbein M & Ajzen I. Beliefs, attitude, intention and behavior: an introduction to theory and research [D]. Reading, MA: Addison – Wesley, 1975.

[49] Fiske S. Social cognition and affect [A]. In: Harvey J, (eds). Cognition, Social Behavior and the Enviroment [C]. Hillsdale, NJ: Lawrence Erlbaum Associates, 1981. 227 – 264.

[50] Fung R & Lee M. EC – trust (trust in electronic commerce): exploring the antecedent factors [J]. AMCIS 1999 Proceedings, 1999: 179.

[51] Gardner M P & Rook D W. Effects of impulse purchase on consumer's affective states [J]. Advances in Consumer Research, 1998, 15: 127 – 131.

[52] Gardner M P. Mood states in consumer behavior: a critical review [J]. Journal of Consumer Research, 1985, 12: 281 – 300.

[53] Grazioli S & Jarvenpaa S L. Perils of Internet fraud: An empirical investigation of deception and trust with experienced Internet consumers [J]. Systems, Man and Cybernetics, Part A: Systems and Humans, IEEE Transactions on, 2000, 30 (4): 395 – 410.

[54] Greenfield D N. Virtual addiction [M]. New Harbonger, Oakland, CA, 1999.

[55] Gross J J. The emerging field of emotion regulation: an integrative review [J]. Review of General Psycholgoy, 1998, 2: 271 – 299.

[56] Han Y K, Morgan G A & Kotsiopulos, et al. Impulsive buying behavior of apparel purchasers [J]. Clothing and Textiles Research Journal, 1991, 9 (3): 15 – 21.

[57] Herbert B, Norbert S & Clore G L, et al. Mood and the use of scripts: does a happy mood really lead to mindlessness? [J]. Journal of Personality and Social Psychology, 1996, 71 (4): 665 – 679.

[58] Hill R P & Gardner M P. The buying process: effects of /and on consumer mood states [J]. Advances in Consumer Research, 1987: 14 (1): 408 – 410.

[59] Hirschman E C. Cognitive processes in experiential consumer behavior [A]. In: Sheth J N(eds). Research in Consumer Behavior [C]. Jai Press, Inc. , 1985.

[60] Hoch S J & Loewenstein G F. Time-inconsistent preferences and consumer self-control [J]. Journal of Consumer Research, 1991, 17: 492 – 506.

[61] Holbrook M B & Hirschman E C. The experiential aspects of consumption: consumer fantasies, feelings and fun [J]. Journal of Consumer Research, 1982, 9: 133 – 140.

[62] Isen A M & Geva N. The influence of positive affect on acceptable level of risk: the person with a large canoe has a large worry. Organizational Behavior and Human Decision Processes, 1987, 39: 145 – 154.

[63] Isen A M. Positive affect, cognitive processes and social behavior [A].

In: Berkowitz L (eds). Advances in Experimental Social Psychology [C]. San Diego, CA: Academic Press, 1987: 203 – 253.

[64] Iyer E S. Unplanneds purchasing: knowledge of shopping environment and time pressure [J]. Journal of Retailing, 1989, 65 (1): 40 – 57.

[65] JA, Russell & Mehrabian A. Distinguishing anger and anxiety in terms of emotional response factors [J]. Journal of Consulting & Clinical Psychology, 1974, 42 (1): 79 – 83.

[66] Jeffrey S A & Hodge R. Factors influencing impulse buying during an Online purchase [J]. Electronic Commerce Research, 2007, 7 (34): 367 – 379.

[67] Jeon J. An empiriacal investigation of relationship between affective states, in-store browsing and impulse buying [D]. USA: the University of Alabama, 1990.

[68] John D, Veena Parboteeah & Joseph S. Online Impulse Buying: Understanding the Interplay between Consumer Impulsiveness and Website Quality [J]. Journal of the Association for Information Systems, 2011, 12 (1): 32 – 56.

[69] Kacen J J & Lee J A. The Influence of culture on impulsive buying behavior [J]. Journal of Consumer Psychology, 2002, 12 (2): 163 – 176.

[70] Katona G & Mueller E. A study of purchase decisions [J]. Consumer behavior: The dynamics of consumer reaction, 1955, 1: 74 – 75.

[71] Kakkar P & Lutz R J. Situational influence on consumer behavior: a review [A]. In: Kassarjian H H, Robertson T S (eds). Perspective in Consumer Behavior (3rd) [C]. IL: Scott, Foresman and Company, 1981. 204 – 214.

[72] Kelly P, Smith S M & Hunt H K. Fulfilment of planned and unplanned purchases of sale and regular-price items: a benchmark study [J]. The International Review of Retail, Distribution and Consumer Research, 2000, 10 (3): 247 – 263.

[73] Kempf D A S. Attitude formation from product trial: Distinct roles of cognition and affect for hedonic and functional products [J]. Psychology & Marketing, 1999, 16 (1): 35 – 50.

[74] Kim A J. Community building on the web: Secret strategies for successful online communities [M]. Addison – Wesley Longman Publishing Co. , Inc. , 2000.

[75] Kim J. Understanding consumers online shopping and purchasing behaviors [D]. Oklahoma State University, 2004.

[76] Klintberg B, Magnusson D & Shalling D. Hyperactive behavior in childhood and adult impulsivity: a longitudinal study of male subjects [J]. Personality and Individual Differences, 1989, 10: 43 – 50.

[77] Kotler P. Marketing management: The millennium edition [M]. Upper Saddle River, NJ: Prentice – Hall, 2000.

[78] Kollat D T & Willett R P. Customer impulse purchasing behavior [J]. Journal of Marketing Research, 1967, 4: 21 – 31.

[79] Kollat D T & Willett R P. Is impulse purchasing really a useful concept for marketing decisions? [J]. Journal of Marketing, 1969, 23: 79 – 83.

[80] Koufaris M, Kambil A & LaBarbera A. Consumer behavior in web-based commerce: an empirical study [J]. International Journal of Electronic Commerce, 2001 – 2002, 6 (2): 115 – 138.

[81] Koufaris M. Applying the technology acceptance model and flow theory to online consumer behavior [J]. Information Systems Research, 2002, 13 (2): 205 – 223.

[82] Koski N. Impulse buying on the Internet: Encouraging and Discouraging Factors [J]. Frontiers of E – business research, 2004.

[83] LaRose R. On the Negative Effects of E – Commerce: a socio-cognitive exploration of unregulated on-line buying [J]. Journal of Computer – Mediated Communication, 2001, 6: 0. doi: 10.1111/j.1083 6101.2001.tb00120.x.

[84] Hubrechts L & Kokturk B. Effects of Visual Merchandising on Young Consumers' Impulse Buying Behaviour [J]. Marketing Report, 2012, 3 (39): 1 – 69.

[85] Li H, Kuo C & Russell M G. The impact of perceived channel utilities, shopping orientations and demographics on the consumer's on-line buying behavior [J]. Journal of Computer – Mediated Communication, 2000, 5 (2): 1 – 22.

[86] Lin C H & Lin H M. An exploration of taiwanese adolescents' impulsive buying tendency [J]. Adolescence, 2005, 40: 215 – 223.

[87] Liang T P & Lai H J. Effect of Store Design on Consumer Purchases: An Empirical Study of Online Bookstores [J]. Information & Management, 2002, 39 (6): 431 – 444.

[88] Madu C N & Madu A A. Dimensions of E-quality [J]. International Journal of Quality & Reliability Management, 2002, 19 (3): 246 – 258.

[89] Mai N T T, Jung K & Lantz G, et al. An explorary investigation into impulse buying in a transitional economy: a study of urban consumers in Vietnman [J]. Journal of International Marketing, 2003, 11 (2): 13 - 35.

[90] Martin W, Weun S & Beatty S E. Validation of an impulse buying tendency scale. Association for Consumer Research Conference, Nashville, 1993, October 9.

[91] Mathwick C, Malhotra N & Rigdon E. Experiential value: conceptualization, measurement and application in the catalog and Internet shopping environment [J]. Journal of retailing, 2001, 77 (1): 39 - 56.

[92] Moez L. Antecedents and Effect of Commitment On the Impulse Buying by Internet [J]. Journal of Internet Banking and Commerce, 2013, 18 (1): 1 - 22.

[93] Mummalaneni V. An empirical investigation of Web site characteristics, consumer emotional states and on-line shopping behaviors [J]. Journal of Business Research, 2005, 58 (4): 526 - 532.

[94] Nichols J, Li F & Roslow S, et al. Inter - American perspective from mall shoppers: Chile - United States [J]. Journal of Global Marketing, 2001, 15 (1): 87 - 103.

[95] O'Connor G C & O' Keefe B. Viewing the Web as a marketplace: the case of small companies [J]. Decision Support Systems, 1997, 21 (3): 171 - 183.

[96] Ohanian R & Tashchian A. Consumers' Shopping Effort and Evaluation of Store Image Attributes: The Roles of Purchasing Involvement and Recreational Shopping Interest [J]. Journal of Applied Business Research, 1992, 273 - 301.

[97] Parboteeah D V, Valacich J S & Wells J D. The influence of website characteristics on a consumer's urge to buy impulsively [J]. Information Systems Research, 2009, 20 (1): 60 - 78.

[98] Park E J, Kim E Y & Funches V M, et al.. Apparel product attributes, web browsing and e-impulse buying on shopping websites [EB/OL]. 2011, 9, 1.

[99] Pastore M. Young Americans take their spending online [DB/OL]. http: //eyberatlas. internet. com/big_picture/demographics/article/table. 2002, 1, 10.

[100] Piron F. A comparison of emotional reactions experienced by planned, unplanned and impulse purchasers [J]. Advances in Consumer Research, 1993, 20: 341 - 344.

[101] Piron F. Defining impulse purchasing [J]. Advances in Consumer Research, 1991, 18: 509 – 514.

[102] Sharma P, Sivakumaran B & Marshall R. Exploring impulse buying in services: toward an integrative framework [J]. Original Empirical Research, 2014, 42: 154 – 170.

[103] Plutchik R & Van P H M. The nature of impulsivity: definitions, ontology, genetics and relations to aggression [A]. In: Hollander E, Stein D (eds). Impulsivity and aggression [C]. New York: John Wiley & Sons, 1995: 7 – 24.

[104] Puri R. Measuring and modifying consumer impulsiveness: a cost-benefit accessibility framework [J]. Journal of Consumer Psychology, 1996, 5 (2): 87 – 113.

[105] Rook D W & Fisher R J. Normative influences on impulsive buying behavior [J]. Journal of Consumer Research, 1995, 22: 305 – 313.

[106] Rook D W & Gardner M P. In the mood: impulse buying's affective antecedsents [A]. In: Costa J A, Belk R W (eds). Research in Consumer Behavior [C]. Greenwich, CT: JAI Press, 1993. 1 – 28.

[107] Rook D W & Hoch S J. Cosuming impulses. Advances in Consumer Research, 1985, 12: 23 – 27.

[108] Rook D W. The buying impulse [J]. Journal of Consumer Research, 1987, 14: 189 – 199.

[109] Russell J A & Mehrabian A. Evidence for a three-factor theory of emotions [J]. Journal of research in Personality, 1977, 11 (3): 273 – 294.

[110] Xiao S H & Nicholson M. A Multidisciplinary Cognitive Behavioural Framework of Impulse Buying: A Systematic Review of the Literature [J]. International Journal of Management Reviews, 2013, 15: 333 – 356.

[111] Shapiro J M. Impulse buying: a new framework [J]. Developments in Marketing Science, 1992, 15: 76 – 80.

[112] Shea T & Fisher B E. Self ratings of mood levels and mood variability as predsictors of junior 1 – 6 impulsivity and adhd classroom behaviors [J]. Personality and Individual Differences, 1996, 20 (2): 209 – 214.

[113] Stern H. The significance of impulse buying today [J]. Journal of Marketing, 1962: 59 – 62.

[114] Weans, Jones M A & Beatty S E. Development and validation of the Impulse Buying Tendency Scale. [J]. Psychol Rep, 1998, 82 (3): 1123-1133.

[115] Thompson S H. Demographic and motivation variables associated with Internet usage activities [J]. Internet Research: Electronic Networking Applications and Policy, 2001, 11: 125-137.

[116] Verhagen T & v Dolen W. The influence of online beliefs on consumer impulse buying: Amodel and empirical application [J]. Information & Management, 2011, 48: 320-327.

[117] Tice D M, Bratslavsky E & Baumeister R F. Emotional distress regulation takes precedence over impulse control: if you feel bad, do it [J]. Journal of Personality and Social Psychology, 2001, 80 (1): 53-67.

[118] Lo L & Lin S W. Three Ways to Convert Browsing into Impulse Buying: Website Streamline and Decoration [J]. Innovation Knowledge and Learning, 2013: 19-21.

[119] Verplanken B & Herabadi A. Individual differences in impulse buying tendency: feeling and no thinking [J]. European Journal of Personality, 2001, 15: 71-83.

[120] Vohs K & Faber R. Self-regulation abilities and impulsive spending [J]. Advances in Consumer Research, 2004, 31: 49-50.

[121] Vohs K & Faber R. Self-regulation and impulsive spending patterns [J]. Advances in Consumer Research, 2003, 30: 125-126.

[122] Weinberg P & Gottwald W. Impulsive consumer buying as a result of emotions [J]. Journal of Business Research, 1982, 10: 43-57.

[123] Welles G. We are in the habit of impulsive buying [N]. USA Today, 1986, 5 (1): 21.

[124] Wells J D, Parboteeah V & Valaciah J S. Online impulse buying: understanding the interplay between consumer impulsiveness and website quality [J]. Journal of the Association for Information Systems, 2011, 12 (1): 32-56.

[125] Westbrook R A & Black W. A motivation-based shopper typology [J]. Journal of Retailing, 1985, 61: 78-103.

[126] Weun S, Jones M A & Beatty S E. The development and validation of the impulse buying tendency scale [J]. Psychological Reports, 1998, 82: 1123-

1133.

[127] Weinberg P & Gottwald W. Impulsive consumer buying as a result of emotions [J]. Journal of Business Research, 1982, 10: 43 – 57.

[128] Wingrove J & Bond A J. Impulsivity: a state as well as trait variable: does mood awareness explain low correlations between trait and behavioural measures of impulsivity? [J]. Personality and Individual Differences, 1997, 22 (3): 333 – 339.

[129] Wood M. Socio-economic status, delay of gratification and impulse buying [J]. Journal of Economic Psychology, 1998, 19: 295 – 320.

[130] Liu Y, Li Hx & Hu F. Website attributes in urging online impulse purchase: An empirical investigation on consumer perceptions [J]. Decision Support Systems, 2013, 55: 829 – 837.

[131] Youn S H. The dimensional structure of consumer buying impulsivity: measurement and validation [D]. USA: University of Minnesota, 2000.

[132] Youn S & Faber R J. Impulse buying: its relation to personality and cues [J]. Advances in Consumer Research, 2000, 27: 179 – 185.

[133] Zhang X, Prybutok V R & Koh C E. The role of impulsiveness in a TAM based online purchasing behavior model [J]. Information Resources Management Journal, 2006, 19 (2): 54 – 68.

[134] 蔡雅琦, 施俊琦, 王垒. 冲动性购买行为的研究综述 [J]. 应用心理学, 2004, 10 (3): 53 – 57.

[135] 陈翰平. 商店气氛对情绪与趋避行为影响之研究 [D]. 高雄第一科技大学, 2001.

[136] 陈流亮. 网络购物环境下消费者冲动性购买影响因素研究 [D]. 中国科学技术大学, 2014.

[137] 陈铭慧. 沟通策略、消费者冲动性特质、产品特质对冲动性消费行为之影响 [D]. 台湾大学, 2001.

[138] 陈珮华. 网络冲动性购买前因及后果之探讨——以结构方程为例 [D]. 元智大学, 2007.

[139] 陈渝, 杨保健. 技术接受模型理论发展研究综述 [J]. 科技进步与对策, 2009, 26 (6): 168 – 171.

[140] 陈滟. 网络商店形象与冲动性购买意图关系研究 [D]. 浙江工商

大学，2008.

[141] 陈旭，周梅华. 电子商务环境下消费者冲动性购买形成机理研究 [J]. 经济与管理，2010，24（12）：19-23.

[142] 常亚平，朱东红，李荣华. 感知产品创新对冲动购买的作用机制研究 [J]. 科研管理，2012，33（3）：10-28.

[143] 范秀成，张运来. 情感影响冲动性购买的机制研究 [J]. 社会科学家，2006（2）：148-150.

[144] 范秀成，张运来. 消极心境、自我控制失败与冲动性购买 [J]. 南开大学学报（哲学社会科学版增刊），2006b：149-153.

[145] 龚俊威. 电子商务环境下网络冲动性购买即营销策略研究 [J]. 价格月刊，2013，43（4）：72-75.

[146] 龚婉琛. 购物网站顾客体验对品牌忠诚影响的实证研究 [D]. 湖南大学，2009.

[147] 韩理俊. 基于店内购物体验和心境的冲动性购买倾向影响因素研究 [D]. 厦门大学，2009.

[148] 何建华. 消费者在线冲动性购买行为影响因素分析 [J]. 消费经济，2013（6）：46-50.

[149] 贺爱忠，龚婉琛. 网上商店顾客体验对顾客行为影响的实证研究 [J]. 北京工商大学学报，2010，25（2）：43-48.

[150] 贺爱忠，龚婉琛. 网络购物体验对顾客行为倾向的作用机理与模型初探 [J]. 华东经济管理，2010，24（3）：112-117.

[151] 洪秀华. 论顾客在超级市场的冲动购买行为 [J]. 山西高等学校社会科学学报，2005，17（6）：49-50.

[152] 胡国胜，张国红. 网络环境下消费者购买决策分析 [J]. 工业技术经济，2006，25（11）：111-128.

[153] 黄飞，林君. 快速消费品冲动性购买行为的实证研究 [J]. 中国商贸，2011（2）：6-8.

[154] 黄丽婷. 产品情感与自我认同对冲动性购买之影响 [D]. 东华大学，2003.

[155] 黄维梁. 论消费者冲动购买行为与商家营销对策 [J]. 北京商学院学报，1999（6）：60-62.

[156] 景奉杰，熊素红. 冲动性消费行为内在机制研究述评——提升调

节点在冲动性消费行为中所起作用 [J]. 心理科学进展, 2008, 16 (5): 789-795.

[157] 井淼, 周颖, 彭娟. 论消费者购买行为中的感知风险 [J]. 消费经济, 2005 (5): 24-27.

[158] 姜春萍, 周晓林. 情绪的自动加工与控制加工 [J]. 心理科学进展, 2004, 12 (5): 688-692.

[159] 孔寅平, 陈毅文. 大学生产品卷入度对冲动性网络购物的影响 [J]. 人类工效学, 2010, 16 (3): 27-30.

[160] 孔伟成, 陈水芬. 产品因素对网络消费者感知风险的影响研究——以网络家电市场为例 [J]. 商业经济与管理, 2011 (8): 76-82.

[161] 李璐, 苏林. 冲动购物理论背景下的网络团购用户特征研究 [J]. 商业时代, 2012 (30): 41-42.

[162] 李季. 从购买成本的角度解读网络购物行为 [J]. 商业研究, 2006 (18): 34-38.

[163] 李福斯. 消费者涉入、冲动性购买与自我实现关系之研究——以日本流行消费文化在台湾克里欧化为例 [D]. 高雄第一科技大学, 2003.

[164] 李海霞. 购物网站个性化推荐系统应用分析 [D]. 产业经济, 2012 (8): 201-202.

[165] 李亚林, 景奉杰. 冲动性购买行为指购后评价研究 [J]. 商业研究, 2012 (420): 199-204.

[166] 李亚林, 景奉杰. 基于冲动性购买诱发因素的消费者冲动性购买之购后满意度研究 [J]. 管理学报, 2012, 9 (3): 437-444.

[167] 李志飞. 异地性对冲动性购买行为影响的实证研究 [J]. 南开管理评论, 2007, 10 (6): 11-18.

[168] 李志飞. 旅游购物中的冲动购买行为与体验营销研究 [D]. 华中科技大学, 2007.

[169] 黎志成, 刘枚莲. 电子商务环境下的消费者行为研究 [J]. 中国管理科学, 2002 (6): 89-92.

[170] 林福荣. 消费者冲动性购买之资讯整合模式研究 [D]. 高雄第一科技大学, 2002.

[171] 林建煌, 庄世杰, 龚旭元等. 消费者行为中冲动性购买的前因与后果之模型探讨 [J]. 商管科技季刊, 2005, 6 (1): 47-68.

[172] 林玉芳. 冲动性特质、社会能见度对规范性评估及冲动性购买行为之影响 [D]. 中央大学, 2001.

[173] 林振旭, 苏勇. 网站特性对网络购买意图影响实证研究 [J]. 商业时代, 2007 (28): 80-81.

[174] 柳立君. 基于技术接受模型和感知风险的消费者网上购买意向研究 [D]. 中南大学, 2007.

[175] 卢锋华, 王陆庄. 基于"流体验"视角的顾客网上购物行为研究 [J]. 外国经济与管理, 2005, 27 (5): 34-39.

[176] 陆晓敏. 基于网店信念视角的消费者在线冲动性购买行为的实证研究 [D]. 江南大学, 2013.

[177] 罗晓燕. 认知风格、解释水平及情绪对冲动性购买行为影响的研究 [D]. 西北师范大学, 2011.

[178] 梁承磊, 李秀荣. 正负面建议呈现方式和调节匹配对冲动性购买行为的影响 [J]. 上海商学院学报, 2012, 13 (2): 94-100.

[179] 李秀荣, 梁承磊. 冲动购买行为之概念界定, 东岳论坛, 2009, 30 (6): 137-139.

[180] 牛文博. 顾客满意度对网络消费者行为影响因素分析 [J]. 价值工程, 2012 (15): 200.

[181] 宁连举, 张欣欣. 网络团购中消费者冲动购买意愿影响因素的实证研究 [J]. 福建师范大学学报, 2011 (6): 13-18.

[182] 庞川, 陈忠民, 罗瑞文. 消费者网络信任影响因素的实证分析 [J]. 系统工程理论方法应用, 2004, 13 (4): 295-299.

[183] 庞立磊. 基于个体特征和购买情境的网络冲动性购买行为研究 [D], 山东大学, 2010.

[184] 皮永华, 徐少君. 消费者冲动型购买行为信息接触过程分析 [J]. 技术经济, 2004 (7): 20-21.

[185] 覃伍. 在线评论对网络消费者冲动购买意愿的影响机理研究 [D]. 华中科技大学, 2009.

[186] 尚旭彤. 消费者在线冲动性购买行为形成机理研究 [D]. 中北大学, 2016.

[187] 孙芳. 浅议消费者网络购买行为及营销策略分析 [J]. 商业经济, 2014 (6): 70-71.

[188] 宋亚非, 蔚琴. 网络信任对冲动性购买行为的影响研究——基于感知风险的调节作用 [J]. 财经问题研究, 2013 (11): 23.

[189] 石芳珊. 消费者冲动性购买行为之决定性因素探讨 [D]. 南华大学, 1993.

[190] 石林. 情绪研究中的若干问题综述 [J]. 心理学动态, 2000, 8 (1): 63-68.

[191] 桑辉, 许辉. 消费者网上购物动机研究 [J]. 消费经济, 2005 (3): 82-85+89.

[192] 石婷婷. 冲动性购买对重复购买医院的影响研究 [D]. 北京工商大学, 2010.

[193] 吴锦峰, 常亚平, 侯德林. 网络商店形象对情感反应和在线冲动性购买意愿的影响 [J]. 商业经济与管理, 2012, 250 (8): 35-44.

[194] 温世松. 电子商务服务质量与顾客满意度及重复购买意愿的关系研究 [D]. 华南理工大学, 2012.

[195] 吴俊杨, 钟建安. 信任、感知风险、产品类型对网络消费行为的影响 [A]. 中国心理学会. 第十二届全国心理学学术大会论文摘要集 [C]. 中国心理学会, 2009 (1): 326.

[196] 吴敬松, 镡铁春, 刘伯颖. 电子商务网站商品推荐特性对消费者网上购物影响的实证研究 [J]. 商场现代化, 2008 (16): 73-74.

[197] 巫月娥. 网络品牌视角下网络消费者重复购买的营销策略 [J]. 企业经济, 2013 (1): 105-108.

[198] 巫月娥. 网店浏览驱动对冲动性消费影响实证检验 [J]. 商业时代, 2014 (33): 13-15.

[199] 王鹤儒. 冲动性购买行为之研究 [D]. 淡江大学, 1994.

[200] 王寒, 杜夏阳. 闪购中消费者冲动购买意愿的心理机制分析 [J]. 大连海事大学学报 (社会科学版), 2015 (1): 41-45.

[201] 王建国, 姚德利. 冲动购买行为研究动态探析 [J]. 安徽理工大学学报, 2011, 13 (3): 12-17.

[202] 王全胜, 韩顺平. 在线消费者冲动性购买行为研究评析 [J]. 经济问题, 2009 (7): 37-39.

[203] 王庆森. 基于网站特性与消费者个体特征的网络冲动性购买研究 [D]. 浙江大学, 2008.

[204] 王谢宁. 消费者在线购物行为影响因素的实证研究 [J]. 大连理工大学学报, 2009, 30 (4): 23-28.

[205] 吴锦峰, 常亚平, 侯德林. 网络商店形象对情感反应和在线冲动性购买意愿的影响 [J]. 商业经济与管理, 2012 (250): 35-44.

[206] 徐家旺, 姜波. 在线消费者购买行为的决策过程 [J]. 沈阳航空工业学院学报, 2005, 22 (5): 91-95.

[207] 徐信诚, 王素芬. 购物网站满意度与冲动购买行为的关系 [J]. 山东理工大学学报, 2011, 25 (6): 53-58.

[208] 谢远艺. 购物网站互动性对消费者冲动性购买的影响研究 [D]. 华南理工大学, 2012.

[209] 熊素红, 景奉杰. 冲动性购买影响因素新探与模型构建 [J]. 外国经济与管理, 2010, 32 (5): 56-65.

[210] 叶文. 网络消费者购买行为分析 [J]. 上海大学学报, 2001, 8 (4): 51-56.

[211] 银城钺, 于洪彦. 预期后悔对消费者冲动性购买行为的影响研究 [J]. 管理评论, 2009, 21 (12): 71-79.

[212] 于坤章, 宋泽. 信任、TAM 与网络购买行为关系研究 [J]. 财经理论与时间, 2005, 26 (137): 119-124.

[213] 于亚莹, 戴建华. 基于消费者特质的网络冲动购买行为影响因素分析 [J]. 商业时代, 2014 (18): 55-57.

[214] 喻建良, 李岳, 倪剑. 基于心理契约的网络消费者重复购买意向实证研究 [J]. 财经理论与实践, 2011 (1): 96-100.

[215] 尹建明. 决策活动中的理性因素与非理性因素 [J]. 安顺师范高等专科学校学报, 2004 (3): 69-71.

[216] 殷晨. 网络促销对消费者冲动性购买行为的影响研究 [D]. 山东大学, 2013.

[217] 杨纯宜. 以情绪强度、物质主义倾向来探讨自我表达消费动机、冲动性消费与享乐购物倾向 [D]. 政治大学, 2002.

[218] 袁可, 管益杰. 消费者网络购物行为的影响因素 [J]. 中国临床心理学杂志, 2013, 21 (2): 328-334.

[219] 袁晓媛. 网络商店形象和个体特征对冲动性购买意愿的影响研究 [D]. 吉林大学, 2011.

[220] 查金祥, 王立生. 网络购物顾客满意度影响因素的实证研究 [J]. 管理科学, 2006 (1): 50-58.

[221] 朱翊敏. 结伴购物对冲动性购买行为的影响研究——以大学生群体为例 [J]. 消费经济, 2011, 27 (4): 57-61.

[222] 曾伏娥, 张华. 无网上购物经验的消费者橱窗购物行为——基于交易成本视角的实证研究 [J]. 经济管理, 2008, Z3: 85-92.

[223] 赵宇娜. 网站环境特征对消费者冲动性购买的影响研究 [D]. 吉林大学, 2010.

[224] 赵宏霞, 才智慧, 何珊. 基于虚拟触觉视角的在线商品展示、在线互动与冲动性购买研究 [J]. 管理学报, 2014, 11 (1): 133-142.

[225] 章璇. 时间距离对消费者在线冲动性购买行为的影响因素研究 [D]. 华中科技大学, 2012.

[226] 章璇, 景奉杰. 基于消费者购买行为的电子商务网站特性研究综述 [J]. 图书情报工作, 2012, 56 (4): 136-142.

[227] 章璇, 景奉杰. 网购商品的类型对在线冲动性购买行为的影响 [J]. 管理科学, 2012, 25 (43): 69-77.

[228] 张长春. 淘宝网消费者冲动性购买行为分析及其对企业经营策略的启示 [D]. 华东理工大学, 2011.

[229] 张重昭. 顾客购物冲动性与规范性评估对顾客冲动性行为之影响 [J]. 行政院国家科学委员会专题研究计划, 1998.

[230] 张喆, 卢昕昀. 基于TAM模型和感知风险的消费者网络团购参与意愿分析 [J]. 市场营销导刊, 2009 (1): 13-19.

[231] 张运来. 基于情感视角的冲动购买影响机制整合研究 [J]. 哈尔滨商业大学学报, 2009 (4): 3-7.

[232] 张运来, 侯巧云. 网络购物行为的研究述评与展望 [J]. 商业时代, 2014 (24): 69-71.

[233] 张运来, 李建州. 消极心情影响冲动性购买过程的实证研究 [J]. 中国营销科学学术会议论文集, 2005: 171-180.

[234] 张枝军. B2C模式下电子零售企业顾客E忠诚培育策略 [J]. 中国市场, 2011 (19): 85-87.

[235] 张正林, 庄贵军. 基于社会影响和面子视角的冲动购买研究 [J]. 管理科学, 2008, 21 (6): 66-73.

[236] 郑宏明. 网上购物意向的影响因素研究 [D]. 首都师范大学, 2006.

[237] 周鹤. 购物网站的商品推荐和客户评论对冲动性购买意图的影响 [D]. 华南理工大学, 2011.

[238] 周星, 雷俊杰, 邹俊毅. 网络环境下促销及口碑对冲动购买的影响——基于情景模拟法的因子探析 [J]. 经济管理, 2011, 33 (3): 150 - 158.

[239] 钟小娜. 网站特性和消费者个体特征对网络购物接受度的影响 [D]. 浙江大学, 2005.

[240] 庄贵军, 周南, 李福安. 情境因素对于顾客购买决策的影响 (一个初步的研究) [J]. 数理统计与管理, 2003, 23 (4): 7 - 13.

后 记

本书的出版得到了教育部人文社科基金和北京工商大学科技创新平台的资助。

本书是多人智慧的结晶。具体而言，由张运来副教授编写提纲和总体修订，研究生范姝君撰写了第一篇初稿，第二篇由张运来撰写，第三篇大部分借用了研究生侯巧云的硕士毕业论文（张运来指导）。

特别感谢北京工商大学商学院院领导、科技处领导和同仁，以及商学院刘文纲教授的大力支持。特别感谢责任编辑于海汛、王新宇为本书编辑和出版所做的诸多努力！本书写作过程中引用了大量文献，在此对所引用文献的作者致以崇高的敬意，是你们的杰出成果奠定了本书的扎实基础；由于文献量较大，在引用过程中可能存在漏引现象，再次对被漏引文献的作者致以深深歉意；对于本书中依然存在的错误，在此谨表歉意，也请读者不吝赐教。

张运来
于北京工商大学